白居易的节日

唐诗里的岁时烟火记

Bai Juyi's Festival

The Record of Seasonal Customs and Life in Tang Poetry

张勃 著

燕山大学出版社
·秦皇岛·

图书在版编目（CIP）数据

白居易的节日：唐诗里的岁时烟火记 / 张勃著．
秦皇岛：燕山大学出版社，2025．8．-- ISBN 978-7-5761-0921-4

Ⅰ．K892.1

中国国家版本馆 CIP 数据核字第2025DD2773号

白居易的节日：唐诗里的岁时烟火记

BAIJUYI DE JIERI : TANGSHI LI DE SUISHI YANHUO JI

张　勃　著

出 版 人：	陈　玉	选题策划：	北京领读文化
责任编辑：	宋梦潇	特约编辑：	李　晓　吕芙瑶
责任印制：	吴　波	封面设计：	周伟伟
出版发行：	燕山大学出版社	电　　话：	0335-8387555
地　　址：	河北省秦皇岛市河北大街西段438号	邮政编码：	066004
印　　刷：	河北赛文印刷有限公司	经　　销：	全国新华书店

开　　本：	787 mm×1092 mm　1/32	印　　张：	7.5
版　　次：	2025年8月第1版	印　　次：	2025年8月第1次印刷
书　　号：	ISBN 978-7-5761-0921-4	字　　数：	120千字
定　　价：	49.80元		

（明）李士达《元日新年图》（局部）

正月初一为新年之始，唐代称“元日”或“岁日”，放假七天。节前腊月已开启年俗，除夕夜全民守岁，燃烛达旦。元日破晓，长安“火城”如昼，百官与番邦使节入宫朝贺，皇帝赐饮柏叶酒，宴饮奏乐，彰显盛世威仪。民间驱傩逐疫，童子戴鬼面击鼓巡游。门户悬桃符、立竹幡，庭燎沉香驱邪祈福。家宴必备屠苏酒，少者先饮祈“得岁”，老者后酌祝延年；五辛盘佐以胶牙饧（麦芽糖），辛甜交织寓意迎新纳吉。

（宋）佚名《春游晚归图》

立春为二十四节气之首，通常在腊月或正月，唐代朝廷与民间皆行迎春之礼。官方于东郊祭祀春神青帝和句芒，皇帝率百官持青幡、鞭打彩塑土牛（称“打春”），象征劝农春耕，碎土分赐群臣为祥瑞。民间流行“剪春胜”，以金箔、彩帛制燕子、花朵簪于鬓发。立春必食“春盘”，取生菜、萝卜、春饼等五辛拼碟，佐椒酒驱寒迎新。

（明）佚名《上元灯彩图》（局部）

上元日（正月十五）是灯节，唐代朝廷特许正月十四至十六取消宵禁，史称“金吾弛禁”，长安城彻夜灯火如昼。宫廷扎巨型灯轮、灯树，唐睿宗时期曾造二十丈灯轮“衣以锦绣，饰以金银”，玄宗时也常到勤政楼“观灯作乐”，遣宫中女子载歌载舞。人们纷纷走上街头，“贵游戚属及下隶工贾，无不夜游”。

（唐）佚名《宫乐图》

唐代中和节为二月初一，系唐德宗采宰相李泌之议新设，取代正月晦日旧俗以劝农务本。官府于长安曲江设宴，百官向皇帝进献农书，皇帝则赐予大臣尺子、春衣等。寓意“裁度阴阳，力耕天下”。民间用青囊盛瓜果五谷种子互相赠送，谓“献生子”。

（南宋）朱锐《春社醉归图》（局部）

春社日在立春后第五个戊日，是唐代仲春祭祀社稷神的重要节日，官民同祭共庆。官府依礼设社坛，加以祭祀，祈五谷丰登。皇帝会赏赐大臣酒和蒸饼、餦饼之类。民间则聚于社树下，“酿酒迎新社”，“萧鼓赛田神”。妇女停针线，簪彩胜，参与其中。

（明）钱穀《兰亭修禊图》（局部）

上巳节在三月三日，源于上古祓禊之俗，至唐演变为全民春游盛会。朝廷于曲江设皇家宴席，皇帝赐群臣柳圈避疫。民间盛行曲水流觞，士人仿兰亭雅集，吟诗作赋；百姓则携家带口赴水滨踏青，“停车须傍水，奏乐要惊尘”。

（北宋）赵佶《文会图》（局部）

寒食节在清明前一二日，全民禁火三日，冷食度节。唐代宫廷颁禁火令，官民皆食预制的饧大麦粥。皇家于清明日钻榆柳取火，以“新火”赐近臣。民间携麦饭、纸钱扫墓祭祖。禁火期间亦有娱乐：女子荡秋千“身轻如燕”，男子蹴鞠“球跃似星”。

（北宋）张择端《金明池争标图》（局部）

端午节为农历五月五日，亦称“浴兰节”，全民避毒禳灾、祈福竞渡。大臣向皇帝进献银器、鞍马、衣服等物，皇帝也赏赐大臣衣服、百索、银碗、扇子等。端午饮食丰富，有菖蒲酒、九子粽。民间悬艾草、挂五毒符，以五色丝系臂，称“长命缕”。龙舟竞渡尤盛，长安曲江亦置彩舫。

（明）张羽《瑞谷图》

立秋是二十四节气之一。立秋到，凉风至，白露降，寒蝉鸣。朝廷有祭祀白帝于西郊之礼，文人则常因一叶飘落而生浓浓秋思。元稹《咏廿四气诗·立秋七月节》云："寒声喧耳外，白露滴林头。一叶惊心绪，如何得不愁？"

（南宋）马远《踏歌图》（局部）

秋社在农历八月上戊日，是祭祀社稷神酬答报谢的日子，与二月上戊日祭祀社稷神祈求福佑形成“春祈秋报”的固定搭配，感恩思报，有始有终。百姓也在歌舞宴饮中尽情享受丰收的喜悦。“酒熟送迎便，村村庆有年。”

（南宋）马远《月下把杯图》

唐代八月十五赏月已成风尚，士子聚宴赋诗，共赏月华。此夜亦开唐人诗酒风流，凝结了唐人寄情皓月的浪漫基因。

（明）吴彬《岁华纪胜图册·登高》

重阳节为农历九月九日，亦称“茱萸节”，宫廷与民间共崇登高避灾、延寿祈福之俗。皇帝赐群臣茱萸囊、菊花酒，于曲江设宴奏乐。民间盛行登高佩茱萸，士人携酒登高赋诗。此节融登高古俗与唐人诗酒风流，既有悲秋之思，亦见绚烂生机。

（明）孙枝《踏雪访友图》（局部）

冬至，亦称“亚岁”，朝廷与民间皆视作阴阳转换的重要节点。皇帝于长安南郊圜丘行祭天大典。太史官测日影以正历法，百官享七日长假。民间“贺冬”如年，祭祖宴饮，妇女献彩绣履袜于尊长。唐人于至暗时令追寻光明，体现了时人于阴阳嬗变中敬天法祖、慎终追远的生命智慧。

（清）董诰《饯腊迎祥册图·围炉守岁》

除夕为农历岁末，宫廷与民间皆以驱邪守岁、迎新祈福为核心。官府行盛大驱傩仪式，“夜耿耿而将尽，鼓喧喧而竟送”。民间则贴春书，插桃枝，画虎头，悬幡子，燃庭燎，点灯烛，阖家“守岁”宴饮，必备胶牙饧、五辛盘与屠苏酒。

目录

下篇　影响白居易节日生活的要素

附录

引子

白诗中的流光与永恒

节日是以历年为循环基础、在社会生活中约定俗成的，具有特定习俗活动的特定时日，由特殊名称、特殊时间、特殊空间、特殊活动、特殊文化内涵等诸多要素共同构成。节日是时间的驿站，生活的华章。节日与平常日子互相穿插协调，一弛一张，共同决定着日常生活的节奏。

我国有着十分悠久的节日史。大致而言，先秦时期开始萌芽，秦汉时期初步定型，经过魏晋南北朝时期的发展，到隋唐时期已经十分繁荣了。代隋而起的大唐帝国，以强大的综合国力号称“海内雄富”，经济空前发展，社会长期安定，城市繁荣昌盛，文化开放包容，是我国传统社会的黄金时代。在这样的时代情境中，经过唐朝人的传承和创造，节日生活成为当时社会生活中最为绚丽多姿、令人神往的部分，唐代也成为我国节日发展史上最为重要的历史时期之一，并形成了鲜明的时代特色。

第一，“新”“老”节日并存。唐朝建立之前，经过长期发展，一个较为完整的节日体系在我国已经形成。根据南朝宗懔（502—565）《荆楚岁时记》的记载，当时流传于荆楚地区的节日已有元日、人日、立春、正月十五、正月末日、正月晦日、二月八日、春分日、社日、寒食、三月三日、四月八日、四月十五日、五月五日、夏至、伏日、七月七日、七月十五日、八月一日、八月十四日、秋分、九月九日、十月朔日、冬至日、十二月八日、除夕等。这些从过去走来的“老”节日，大都能在唐代找到它们的踪影。但唐代人并非仅是继承，他们还有许多自己的创造，比如中和节、皇帝诞节、清明节、八月十五、降圣节等诸多“新”节日。另外，一些“老”节日也出现了许多新变化。比如在元日，即新年第一天有“立竹竿、悬幡子”祈求健康长寿的做法，连寺庙也不能免俗，司空图《丙午岁旦》诗云：“晓催庭火暗，风带寺幡新。”

第二，具有浓厚的娱乐色彩。虽然节日历来都不乏娱乐色彩，但唐代以前，不少节日充满禁忌、迷信、祓禊[①]、

① 祓禊（fú xì）：古代习俗。每年三月上巳日到水滨洗濯，以除凶去垢，谓之“祓禊”。

禳解[1]等观念及活动，人们过节时常小心翼翼，生怕得罪神灵。比如寒食节时人们不敢用火，害怕引起雹雪之灾。但到唐代，情况发生了根本变化。一方面在思想观念上，唐代人已把节日视为佳节良辰，是追求欢乐的日子，当时的节日诗文中频频出现“佳节”“乐”“欢”等字眼。比如，“玉律传佳节，青阳应此辰”（冷朝阳《立春》）说的是立春；“佳节上元巳，芳时属暮春”（李适《三日书怀因示百僚》）说的是上巳；“时此万机暇，适与佳节并”（李适《重阳日赐宴曲江亭，赋六韵诗用清字》）说的是重阳。另一方面表现在行动上，唐代的节日确实成为时人寻欢作乐的时间。几乎在唐代的每个节日里，我们都能看到欢乐的场面。正月十五，“灯烛华丽，百戏陈设，士女争妍，粉黛相染”（牛僧孺《玄怪录·开元明皇幸广陵》）；三月三，“巳日帝城春，倾都祓禊晨”（崔颢《上巳》），人们倾城出游，乐而忘归；九月九，“移座就菊丛，糕酒前罗列。虽无丝与管，歌笑随情发”[《九日登西原宴望（同诸兄弟作）》]，人们就在宴饮歌笑中娱乐身心……

第三，节日活动往往在户外进行。人类的任何活动都

---

① 禳解（ráng jiě）：向鬼神祈祷消除灾殃。

必须在一定的空间进行，节日活动也不例外。家作为日常生活的中心，构成一个相对封闭的私人空间。与此相应，户外则是公共空间，是社会可视空间。节日活动在户外进行，就具有更强的开放性，允许更多人参与其中，形成更多人的“共同在场”，使节日呈现出热闹繁华的盛大场面。在唐代，虽然也有不少节日的活动是在户内举行的，但人们更愿意走出家门，走向大自然。像前面列举的正月十五、三月三、九月九都是如此。寒食清明节，人们郊游踏青，诸多娱乐活动更是在户外举行。“青门欲曙天，车马已喧阗”（罗隐《寒食日早出城东》），“著处繁华矜是日，长沙千人万人出”（杜甫《清明》），这些俯拾即是的诗句，展示了寒食清明期间人们纷纷走出家门的动人情景。在同一时间里，男男女女、老老少少都从封闭的场所走向了开放的空间，从自我的后台走到了自我“表演”的前台。“肉既饱，酒既酣……有歌谣者进，有舞蹈者作，皆诚激乎中，章乎形容。”（欧阳詹《鲁山令李胃三月三日宴僚吏序》）众人的“共在”，使得每一个人都是表演者，同时也是观察者。节日的繁华和热闹就在这表演、互动、观察和被观察中形成了。

第四，宗教因素全面渗入岁时节日节俗之中。无论佛教还是道教都在唐朝获得了长足发展。唐代节日也深深打上佛、道的烙印。这一方面体现在一些佛、道节日已成为百姓普遍参与的节日，甚至被纳入国家假日体系。比如十二月八日（释迦牟尼佛成道日）、四月八日（浴佛节）、七月十五日（盂兰盆节）都源于佛教，到了唐代均成为国家规定的法定假日，最高统治者也经常参与节日的活动中去，和僧众一起营造节日的盛况。唐代宗就曾用奇珍异宝营造万佛山，并于“四月八日，召两街僧徒入内道场，礼万佛山。”（冯梦龙《太平广记钞》）唐懿宗也曾于咸通十四年（873）四月八日举行迎佛骨仪式：“佛骨入长安，自开远门安福楼，夹道佛声振地，士女瞻礼，僧徒道从。上御安福寺，亲自顶礼，泣下沾臆。”（苏鹗《杜阳杂编》）另一方面，许多世俗节日也出现佛、道色彩的习俗活动。如正月十五日（元宵节）在唐代往往被称为上元日，具有鲜明的道教色彩，而它的佛教意味也很浓厚，崔液有诗描写节日的燃灯盛况：“神灯佛火百轮张，刻像图形七宝装。”[《上元夜六首（其一）》] 这里的神灯、佛火、百轮、七宝，无不彰显出浓厚的佛教色彩。另外，受佛、道戒律的影响，唐高祖曾下令：“每年正月、五月、九月，凡关屠宰、杀戮、网捕、畋猎，并宜禁止。”（《唐大诏令集》）后世多位皇帝也不断颁发类似诏令，这深刻影响到很多节日的饮食活动，以至人们过新年（时在正月）、端午（时在五月)、重阳（时在九月）等节日时只能素食，顶多有些腌鱼、肉干而已。

第五，节假日广泛设置。至少从秦汉时代起，国家公务人员已有休假制度。休假一般包括休沐假[①]、事假、病假、赐假和节假。节日放假从汉代就开始了，但当时放假的节日很少，普遍以节日为法定假日，是从唐玄宗开始的，当时的节假日有40多天，到唐宪宗元和年间（806—820），节假日更增至50多天。主要有元日、冬至，均放假7天；寒食通清明，放假5天；腊日、夏至、玄元皇帝降诞日、皇帝降诞日均放假3天；正月七日（人日）、正月十五日（上元节）、正月晦日、中和节、春社、秋社、二月八日、三月三日（上巳）、四月八日（浴佛节）、五月五日（端午节）、三伏（初、中、末)、七月七日（七夕）、七月十五（中元节）、九月九日（重阳节)、十月一日、立春、立夏、立秋、立冬等均放假1天。这种以节为假的做法影响深远，由此节假成为休假制度的重要组成部分，而唐代也奠定了节日放假的基本框架。节假日在唐代的普遍设置，对唐代人的节日生活产生了重要影响。有一个例子很能说明问题。唐武宗会昌五年（845）在长安

① 休沐：常假，汉代五日一休沐，唐代、宋代官吏十日一休沐，明代官吏半月一休沐。

建筑仙台，动用三千“官健”加紧施工，因赶工期，寒食节没有放假，结果三千人愤愤不平，差点惹出一场祸乱，最后只得每人赐三匹绢、放三日假才算了事。

第六，胡风弥漫。唐朝人开放包容，有着宽广的纳异胸襟。鲁迅先生曾说：“汉唐虽然也有边患，但魄力究竟雄大，人民具有不至为异族奴隶的自信心，或者竟毫未想到，凡取用外来事物的时候，就如将彼俘来一样，自由驱使，绝不介怀。”（《看镜有感》）也因此，胡食、胡妆、胡音、胡俗盛行并融入日常生活之中。作为人们日常生活的特殊节点，节日更是胡俗弥漫的时间和场合。入唐求法的日本僧人圆仁（793—864）就曾记载：“开成六年（841）正月六日立春，命赐胡饼、寺粥。时行胡饼，俗家皆然。”（《入唐求法巡礼行记·开成六年正月六日》）需要说明的是，虽然节日里胡风弥漫，但并未对节日体系、节期、节日的阐释等造成根本性影响。不仅如此，许多在唐的“胡人”还深受唐文化的影响，在过节方面体现出与唐人的一致性。比如登州文登县（今山东文登）青宁乡赤山村，是新罗人的一个定居点。生活在这里的新罗人在保持本国节日传统的同时，便受到了唐朝节日文化的影响。如圆仁就看到，开成四年十二月二十九日“后夜，诸沙弥、小师等巡到诸房拜年。贺年之词依唐风也”(《入唐求法巡礼行记》)。

唐代节日呈现的上述特征，是唐代社会繁荣的缩影和表征。今天的我们很大程度上正是通过唐代节日呈现的欢乐、祥和、热闹、多元文化色彩来认识大唐帝国的繁荣和独特气象。而这些特征的出现，既是节日不断传承发展的结果，又与唐代的经济发展、社会开放、文化繁荣等时代情境密切相关。

节日作为民俗文化，具有鲜明的集体性，唐代节日文化无疑是唐代人共同传承创造的；而每一个唐代人的节日生活，无疑也都被打上了时代的烙印。正因为这样，我们可以通过一个唐代人的节日生活去管窥那个时代，也可以借此感受个体节日生活的立体、鲜活和多样性。

而这个唐代人，最合适的也许就是白居易。

白居易，字乐天，号香山居士，又号醉吟先生。因曾官太子少傅，亦称为白太傅。白居易祖籍太原，唐代宗大历七年（772）正月二十日，出生于一个“世敦儒业”的中小官僚家庭，唐武宗会昌六年（864）去世于洛阳，获赠尚书右仆射，享年七十五岁。在“人生七十古来稀”的传统社会，白居易比同时代的大多数人都更加长寿。他的生命历程恰恰伴随着由安史之乱后的凋敝走向中唐时代的中兴，而这一时期也是唐代节日发生重要变化的时期。

白居易是在政府中长期担任公职的官员，其通过刻苦学习由科举走向仕途，但宦海生涯并非一帆风顺，在政治漩涡中被抛来抛去后，终于在兼济天下和独善其身中选择了后者。他曾经吃过道家的药以求长寿，但对佛教更加情有独钟，晚年自号香山居士，最终成为一名在家修行的佛教徒。

他是一位多产佳作的诗人，年纪轻轻就显露出非同一般的诗才，并受到时人的推崇。贞元三年（787），年仅十五岁的白居易初次到长安参加科举考试，当时有行卷[①]的做法，他就拿着自己的诗文去拜访著名诗人顾况。顾况看到“白居易”三个字后不禁说道：“米价方贵，居亦弗易。”但当他打开卷轴读到第一首诗“离离原上草，一岁一枯荣。野火烧不尽，春风吹又生”（《赋得古原草送别》）后，就立刻改变了态度：“道得个语，居即易矣！”（张固《幽闲鼓吹》，上同）

白居易有着很强的国际影响力。他还在世时其诗歌就

---

① 应举者在考试前把所作诗文写成卷轴，投送朝中显贵，借以播扬声誉，称为行卷。

已经传入日本、新罗[①]等国，深受人们的喜爱。在日本，白居易更受推崇，被誉为“一代之诗伯，万叶之文匠”。日本的知识女性也非常喜欢白居易的诗文。清少纳言（约966—约1025）是日本平安时代著名的女作家，她的雅号“草庵”，即采自白诗“庐山雨夜草庵中”（《庐山草堂夜雨独宿寄牛二、李七、庾三十二员外》）一句。清少纳言入宫后成为皇后定子的女官。一次大雪之后，定子问左右侍从：“香炉峰雪想如何？”清少纳言即起身将殿前的御帘掀起，请她凭栏远眺，结果受到定子和侍从们的盛赞。原来白居易《重题》诗中有“香炉峰雪拨帘看”之句。由此可见清少纳言的聪慧和后宫女子对白诗的普遍熟悉。直到今天，在日本京都“祇园祭”中，还有白乐天山（はくらくてんやま）。为期长达一个月的京都“祇园祭”起源于平安时代，与大阪的“天神祭”、东京的“神田祭”并称为“日本三大祭”，直到现在依然传承良好，其中7月17日的“前祭”与7月24日的“后祭”都有山铧[②]巡行。所谓“山铧”，是两种不同的祭祀用山

① 新罗，朝鲜半岛历史上的国家之一，503年正式定国号为“新罗”，676年在唐朝的帮助下统一了今大同江以南的朝鲜半岛中南部地区，935年亡国，首都在金城（今韩国庆尚北道庆州市）。

② 山铧（móu）：游行祭神用的彩车。

车。其中锋规模大，有四个车轮推着走，中心装饰有一根巨大冲天真木；山则规模小，由多名壮年男子协力抬着前行，且中心部分设有冲天真木的装饰。山锋中一些是用古代中国故事命名的，白乐天山就是其中之一，表现白居易和道林禅师的问答场面。车顶站着头顶官帽、手持笏板的诗人，就是白居易。

白居易是新乐府运动的倡导者和践行者，主张“文章合为时而著，歌诗合为事而作”（《与元九书》），他的诗歌题材广泛，语言平易通俗，富有情味，深受人们喜爱。尤值一提的是，白居易十分注意编辑、保存自己的作品，因而为后人留下了据以研究的重要资料。他先是在大约四十三岁时为自己编了一个15卷的集子，五十二岁时又由好友元稹帮助结集成《白氏长庆集》50卷，此后不断增补，直到七十四岁时，终于编定75卷的《白氏文集》，共收诗文3840篇。为保存作品，他还曾把三本文集分别寄藏于庐山东林寺、苏州南禅寺和洛阳圣善寺。虽然由于世事变化，白居易亲自编定的文集并未完好无损地流传下来，但总算功夫不负有心人，在唐以后学者们的共同努力下，他的绝大部分作品得以存世。今人朱金城先生有《白居易集笺校》一书，“笺校全部《白集》及补遗诗文共三千七百余篇”[1]，其中与节日相关的诗文120多篇，涉及节日约二十个，创作时间从十六岁到七十五岁，跨度长达六十年，创作地点也随作者的行迹不拘一处。由于这些诗文的创作时间（多写作于节日当天）和创作地点十分清晰，我们不仅有可能将白居易描写的节日生活和当时的节日习俗相联系，而且有可能放在他的日常生活之流和生命历程中去解读。事实上，这些因节日而写，为节日而写，写节日之所见所闻、所思所感的诗文，不仅是白居易自己的节日生活记录，也成为再现唐代节日样貌的难得史料。

① （唐）白居易著、朱金城笺校：《白居易集笺校》，上海古籍出版社1988年版，第12页。后文所引白居易诗文皆出自该书，注时皆简称《笺校》，并不再注明作者、版本。

上篇

白诗与节日的时空轨迹

第一章

少小辞乡曲：宿州避乱

孤灯此夜情：除夕

白居易第一篇关于节日的诗是：

除夜寄弟妹

感时思弟妹[①]，不寐百忧生。

万里经年别，孤灯此夜情。

病容非旧日，归思逼新正。

早晚重欢会，羁离各长成。

---

① 谢思炜认为诗中的弟妹并非白居易的亲弟妹，而是“季庚其他兄弟的孩子，自河南经乱后随长房季庚一同迁至徐州（符离）”。见谢思炜：《白居易集综论》，中国社会科学出版社，1997年版，第181—186页。

白居易祖籍山西太原[①]，曾祖父时代，举家迁居下邽（今陕西渭南）。后来祖父白锽（706—773）到河南任职，白家寄居在新郑[②]，大历七年正月二十日，白居易出生在这里。所谓"生长在荥阳，少小辞乡曲"（《宿荥阳》）。唐德宗建中元年（780），白居易的父亲白季庚（729—794）先由宋州（今河南商丘南）司户参军授徐州彭城县（今徐州）县令，一年后升任徐州别驾。建中三年（782年），为躲避徐州战乱，白季庚把家人送往宿州符离（今宿州市埇桥区符离镇）定居，这一年，白居易十岁。建中四年（783年），因中原发生"二帝四王之乱"[③]，白居易又避难越中（今浙江绍兴）[④]，《除夜寄弟妹》就创作于这一时期。

---

① 谢思炜认为白居易出生于长安，长于荥阳。见《白居易集综论》第185页。

② 白锽十七岁明经科及第，曾任洛阳县下属官吏，后任新郑以西河南府所辖的巩县县令，连任三任以后退居新郑。

③ 二帝四王之乱，是唐德宗时期一场由于中央政府削藩而引发的叛乱。因在这次叛乱中有四人称王，两人称帝，故称"二帝四王之乱"。因唐德宗被迫逃往奉天（今陕西乾县），故又名"奉天之难"。是中晚唐藩镇跋扈、唐朝中央权威受挑战的一个标志性事件。

④ 见朱金城：《白居易年谱》，上海古籍出版社，1982年版，第10页。谢思炜则认为，所谓避难越中，与"白季庚官衢州别驾实为一事"，时间大约在贞元四年或五年，其时白居易十七岁。见《白居易集综论》，第181—186页。

这是一年的最后一天——除夕的夜晚。除夕，唐代人多称为“岁除”“除日”“岁暮”。和今天的人们一样，唐朝人十分重视这个处在新旧年转换节点上的日子，形成了丰富的习俗活动。他们会在庭院中竖起竿子，悬起幡旗，在窗户上贴春书，在门旁插桃枝，在门上画虎头，写“聻”[①]字，通过对空间的装饰，表达驱邪避恶、平安吉祥的美好愿景。这一晚，唐代人还有守岁的习俗，人们在庭院中燃起燎火，或点上灯烛，在火焰灯光里送走旧年的最后一段时光，迎来新年的第一缕阳光。诚如储光羲《秦中守岁》诗云：“阖门守初夜，燎火到清晨。”[②]守岁的时候，往往少不了歌舞饮酒欢宴，张说《岳州守岁》“除夜清樽满，寒庭燎火多。舞衣连臂拂，醉坐合声歌”[③]，就反映了这一情形。皇帝也不能免俗，他们和王公贵戚、权要大臣共度佳节。唐太宗李世民就曾在太原召侍臣赐宴守岁[④]，杜甫的爷爷杜审言也参加过皇帝组织的守岁宴会，并留下一首诗：

① 聻（jiàn）：古人以为鬼死而为聻。

② （唐）储光羲：《秦中守岁》，载《全唐诗》卷139。

③ （唐）张说：《岳州守岁》，载《全唐诗》卷87。

④ （唐）李世民：《于太原召侍臣赐宴守岁》，载《全唐诗》卷1。

守岁侍宴应制

季冬除夜接新年，帝子王孙捧御筵。
宫阙星河低拂树，殿廷灯烛上薰天。
弹弦奏节梅风入，对局探钩柏酒传。
欲向正元歌万寿，暂留欢赏寄春前。

诗篇反映了宫廷守岁的基本状况：光耀如昼的殿廷之上，婉转悠扬的丝竹声中，皇帝摆开筵席，大家说着祝福的话，饮着象征长寿的酒，兼有好玩的游戏，真是一幅君臣同乐的祥和守岁图。

除了守岁的习俗，唐代除夕还有驱傩①的做法。驱傩是一种驱除灾疫的仪式活动，先秦时期就已出现，在唐代仍然盛行。《大唐开元礼》将这一仪式作为军礼的一部分，并对宫廷和州县举行仪式的时间、参加人员、仪式用品及其使用方式、程序、祝词等分别作出具体规定。根据规定，宫廷驱傩的人员共分6队，每队包括侲子②24人，执事者12人，工人22人，鼓吹令1人，太卜令1人，再加上巫师2人，共360

① 驱傩（nuó）：古代岁终或立春时节驱鬼迎神赛会活动。
② 侲（zhèn）子：古代在迷信活动中用以驱疫逐鬼的儿童。

（南宋）刘松年《十八学士图》（局部）

多人。而事实上参与驱傩的人更多。届时，他们根据自己的身份装扮起来，到宫中集合。执戈扬盾、戴着面具、蒙着熊皮的方相氏，执棒鼓角、戴着假面、穿着皮衣的唱师，手执鞭子、顶赤帻穿褠衣的执事者，以及戴着假面、身穿红衣的侲子，挥舞着，敲打着，大声地唱着言辞犀利的逐疫歌，而后鼓噪着走出宫廷，分队走向不同的城门，一直到出了城郭才停止。州县驱傩仪式规模要小一些，但同样是过年期间的重要仪式活动。“侲童丹首，操缦杂弄；舞服惊春，歌声下凤。夜耿耿而将尽，鼓喧喧而竟送。”[乔琳《大傩赋（以命有司送寒气肃京室为韵）》] 热闹的驱傩不仅寄托着人们驱鬼逐疫的愿望，也把辞旧迎新的岁末娱乐活动推向了高潮。

然而，上述这些蕴含着团圆主题、热闹欢乐的除夕活动，并没有出现在白居易的笔下。在《除夜寄弟妹》这首诗里，我们看到的只有孤独、思念和寂寞。在除夜昏黄的灯光之下，有位少年形只影单，既无人相伴守岁，又难以自我排遣。他在辗转反侧、难以成眠中苦苦思念着久别的弟妹。多么希望大家能够聚在一起，共同感受新年到来的欢乐，然而大家天各一方，自己禁不住忧从中来，格外感到孤独和寂寞。这首诗如果不是由于“少年不识愁滋味……为赋新‘诗’

强说愁”（化用辛弃疾《丑奴儿·书博山道中壁》）而作，那么可以说，一个优秀诗人所应当具备的多情的品质，白居易很早就显露出来了。

第二章
喧喧车骑帝王州：长安求仕

万人行乐一人愁：上元节

贞元十六（800）年的正月十五，白居易是独自一人在都城长安度过的。前一年即贞元十五年的秋天，二十七岁的白居易应乡试于宣州（今安徽宣城），试《射中正鹄赋》《窗中列远岫》诗，遂为宣歙[①]观察使崔衍（生卒年不详）所贡，往长安应进士试，恰逢上元佳节。

上元节，即我们现在常说的元宵节。唐代以前，它最

① 宣歙（shè）：乾元元年（758），唐置宣歙观察使，领宣、歙、池三州，共辖宣城、南陵、泾、当涂、溧阳、溧水、宁国、广德、太平、旌德、歙、黟、休宁、婺源、绩溪、祁门、秋浦、青阳、至德、石埭二十县。此后，宣歙便成为江南地区的一个重要方镇。

常用的名字是“正月十五”或“正月望”。受道教的影响，也称为“上元节”，是天官赐福的日子。关于节日的起源，有“汉武帝祭祀太一神”“汉明帝燃灯表佛”等不同说法。但大约魏晋南北朝时期，正月十五才形成一些习俗。上元节获得巨大发展是在隋朝，当时出现了大型歌舞、百戏、夜游、张灯等各种活动。只是隋朝这个王朝太短命了，所幸它铸就的辉煌在唐朝得到延续，并获得进一步发展。这在唐都长安表现尤为鲜明。

长安平时实行宵禁，一到夜晚，就会关闭城门、坊门、市门，非特殊情况不能在街上走动，否则就是“犯夜”。根据《唐律疏议》规定，犯夜者要受到“笞二十”的惩罚。但上元节是例外，届时坊门、市门昼夜开放，任人通行，称为“放夜”。这一举措为将长安的上元节过成流光溢彩、声色交映的狂欢节奠定了基础。

“新正圆月夜，尤重看灯时。”（韦蟾《上元三首》）灯与月交相辉映，点亮了都城的夜晚。唐玄宗先天二年（713）安福门外曾安装高达二十丈的灯轮，“衣以锦绮，饰以金玉”（张鷟《朝野佥载》），上面点燃了五万盏灯，“簇之如花树”，十分壮观。“妓杂歌偏胜，场移舞更新。”（王諲《十五夜观灯》）长安上元节引人注目的还有嘹亮歌声和绰约舞姿，尤其是踏歌人的豪华阵容。踏歌是以脚踏地为节，载歌载舞的群众性娱乐歌舞活动。参加者踏足而舞，联袂而歌，非常热闹。诗人张祜《正月十五夜灯》有诗描写踏歌盛况：“千门开锁万灯明，正月中旬动帝京。三百内人连袖舞，一时天上著词声。”这里的“三百”之数，不可谓不多，但长安历史上还有两三千妙龄女子在灯轮下踏歌三日三夜的壮举。“歌响舞分行，艳色动流光。”（崔液《踏歌词》）她们在月色灯光里，在曼妙的歌声里，手牵手，肩并肩，拂袖、倾鬟、低头、弯腰、转身，构成宏大的盛世图景。明亮的月光、高大的灯轮、动听的歌曲、曼妙的舞姿，吸引人们纷纷走上街头，醉心于良辰美景之中。尽管此时仍然天寒地冻，但是丝毫不影响人们游览的兴致。“烂熳惟愁晓，周游不问家。”（郭利贞《上元》）人们担心忧愁的只是天那么快就要亮了……

长安的上元节，总是这样张灯结彩，车马喧阗，游人如织，热闹非凡。贞元十六年的正月十五同样如此。白居易也分明在这个“明月春风三五夜”，格外感受到了“喧喧车骑帝王州”的绮丽与繁华。然而他并没有被这繁华与绮丽所吸引，“羁病无心逐胜游”的白居易愁绪萦怀。白居易愁得并非没有道理，六年之前，父亲白季庚病故于任所襄阳，白居易就地服丧三年后，重返符离。不久他去了

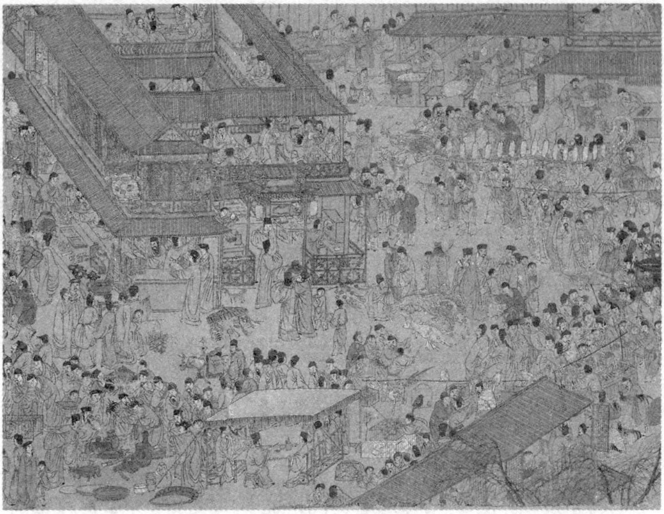

（明）佚名《上元灯彩图》（局部）

兄长白幼文任职的浮梁，而母亲则移家洛阳。父亲病故后，白家的生活陷入困境之中。白居易有《伤远行赋》，从中可见一斑：

贞元十五年春，吾兄吏于浮梁。分微禄以归养，命予负米而还乡。出郊野兮愁予，夫何道路之茫茫。茫茫兮二千五百，自鄱阳而归洛阳。朝济乎大江，暮登乎高岗。山险巇，路屈曲，甚孟门与太行。枫林郁其百寻，涵瘴烟之苍苍。其中阒其无人，唯鹧鸪之飞翔。水有含沙之毒虫，山有当路之虎狼。况乎云雷作而风雨晦，忽霮䨴兮不见旸。涉泥泞兮仆夫重腿，陟崔嵬兮征马玄黄。步一步兮不可进，独中路兮彷徨。噫！昔我往兮，春草始芳；今我来兮，秋风其凉。独行踽踽兮惜昼短，孤宿茕茕兮愁夜长。况太夫人抱疾而在堂，自我行役，谅夙夜而忧伤。惟母念子之心，心可测而可量。虽割慈而不言，终蕴结乎中肠。曰予弟兮侍左右，固就养而无方。虽温清之靡阙，讵当我之在傍？无羽翼以轻举，羡归云之飞扬。惟昼夜与寝食之心，曷其弭忘！投山馆以寓宿，夜绵绵而未央。独展转而不寐，候东方之晨光。虽则驱征车而遵归路，犹自流乡泪之浪浪。[1]

家境困难而母亲又有病在身，怎不让将近而立之年的白居易分外感到肩上的重担！他此番来到长安，不仅是为自己博取功名，更兼有改变家庭困境的责任。白居易曾经“昼课赋，夜课书，间又课诗”，为考取功名辛苦做着准备，达到废寝忘食的地步，“以至于口舌成疮，手肘成胝，既壮而肤革不丰盈，未老而齿发早衰白”。可是决定个人乃至家庭命运的考试即将来临，等待自己的将会是什么呢？这不能不是白居易思考和担心的问题。再加上他在长安举目无亲，“中朝无缌麻之亲，达官无半面之旧”（《与元九书》，上同），又身体有病，难怪他用“万人行乐一人愁”（《长安正月十五日》）来状写他人和自己的长安上元节了。也许目睹了万人的行乐，更加深了自己的忧愁罢。

“天道酬勤”，白居易的辛苦没有白费，他的科举考试十分顺利。贞元十六年二月十四日，在中书侍郎高郢主试下，他以第四名及第。两年后的冬天，他又于吏部侍郎郑珣瑜主试下，试书判拔萃科。贞元十九年，他与元稹、李复礼等同

---

① 见《集笺校》，第2594—2595页。

以书判拔萃科登第，授秘书省校书郎之职，为朝廷校勘和整理图书典籍。贞元二十年（804），他将家搬到下邽县[①]义津乡。这一年，白居易在旅途中度过了不少时光，其中冬至就是在邯郸的某个驿站中度过的。

灯下独眠人：冬至

冬至是二十四节气之一，也是最早被确定的节气之一。在中国人的阴阳观念中，冬至是阴阳转换的关键节点，“灰管移新律，穷阴变一阳”（刘商《合肥至日愁中寄郑明府》），因而具有特别重要的意义。早在先秦时期，就有冬至日在圜丘祭天的做法，汉代则有冬至日放假的记载，到唐代，冬至更放假七天，成为当时假期最长的节日，直到今天仍有“冬至大如年”的说法。在唐代，冬至日仍要举行庄严的祭天仪式，地点是长安“明德门外道东二里”的圜丘。与此同时，还要观察天上的云气以占卜吉凶。裴逵《南至日太史登台书云物》描写的就是这一习惯做法：

---

① 下邽本是白家的祖籍。《旧唐书》卷166《白居易传》载，“白居易字乐天，太原人……至温（白居易的曾祖父）徙于下邽，今为下邽人焉”。

南至日太史登台书云物

圆丘才展礼，佳气近初分。

太史新簪笔，高台纪彩云。

烟空和缥缈，晓色共氛氲。

道泰资贤辅，年丰荷圣君。

恭惟司国瑞，兼用察人文。

应念怀铅客，终朝望碧雰。

祭天之后还要举行规模盛大的朝会。“千官望长至，万国拜含元。”（崔立之《南至隔仗望含元殿香炉》）文武官员与四夷宾客共同见证着“九天阊阖开宫殿，万国衣冠拜冕旒”（王维《和贾舍人早朝大明宫之作》）的恢宏场面。宴会之上，大臣们要给皇帝献寿，祝愿福祚绵长。皇帝也会赏赐大臣米面、羊酒、猪鹿、杂味等各种食物，并大赦天下，营造出普天同庆、与民同乐的喜乐祥和气氛。在民间，也有丰富的习俗活动，冬至是一个以团圆、庆贺为主题的重要节日。人们祭祖、拜贺、饮宴，其隆重程度不亚于过年。圆仁《入唐求法巡礼行记》记载：“冬至之节，道俗各致礼贺。住俗者拜官，贺冬至节。见相公，即道：‘晷运推移，日南长至。伏惟相公尊体万福。’贵贱官品并百姓，皆相见拜贺。

出家者相见拜贺，口叙冬至之辞，互相礼拜。俗人入寺，亦有是礼。”值得一提的是，唐代冬至前一夜称为除夜，“人咸不睡”，也有守岁的习俗。

考虑到唐代冬至节的重要性，考虑到冬至节的团圆主题，也就不难理解为什么这一夜白居易会作出两首想家和想人的诗歌来了：

邯郸冬至夜思家

邯郸驿里逢冬至，抱膝灯前影伴身。
想得家中夜深坐，还应说着远行人。

冬至夜怀湘灵

艳质无由见，寒衾不可亲。
何堪最长夜，俱作独眠人。

在第一首诗里，形影相吊的诗人表达了对家人的深深思念。只是他并没有从自我感受的角度来描述这种思念，而是颇为精巧地通过家人对自己的思念来表达。这个冬至佳节，由于自己离家远行，家里人一定也过得很不快乐。当自己抱膝枯坐灯前，想念家人直到深夜的时候，家里人大约同样也没有睡，而是坐在灯前说着远行人吧。

第二首诗是怀念湘灵的。学术界一般认为，湘灵是白居易的初恋，二人相恋始于白居易寄居符离期间。白居易对湘灵一往情深，湘灵对白居易也以身相许，“愿作远方兽，步步比肩行。愿作深山木，枝枝连理生”（《长相思》）。然而由于家庭的阻挠，有情人终未成眷属，这成了白居易生命中永远的伤痛。白居易为这段恋情作了不少诗篇[①]，《冬至夜怀湘灵》只是其中的一首。在这个一年中最长的寒冷的夜晚，白居易定是想到了与爱人在一起时的缱绻深情，才格外感到孤枕难眠，格外感到这个夜晚是如此的漫长难熬。

时隔不久，在贞元二十年的岁除夜，同样在旅途中的白居易又作了《除夜宿洺州》一诗：

除夜宿洺州

家寄关西住，身为河北游。
萧条岁除夜，旅泊在洺州。

这个在他人是热闹与团圆的岁除夜，在白居易那里仍

---

① 像《长相思》《潜别离》《花非花》《感秋寄远》《凉夜有怀》《寒闺夜》《寄湘灵》等均与这次恋爱经历有关。

然是萧条与孤单。

共赏中秋月：中秋

相对于贞元二十年冬至夜的漫长难熬，贞元二十一年的八月十五夜对白居易来说就容易度过得多。因为这个节日里，他与朋友们在长安朱雀门街东第三街永崇坊的华阳观里共同欣赏了中秋的月光：

华阳观中八月十五日夜招友玩月

人道秋中明月好，欲邀同赏意如何。

华阳洞里秋坛上，今夜清光此处多。

这首诗是一封富有吸引力的邀请函，在这个皓月当空的夜晚，以华阳观为住所的白居易以主人的姿态欢迎朋友们的到来。当清秋的月光泻落下来，一切显得朦胧优美，大家沐浴在如水的月光之中，时鲜的水果，或者还有几杯清酒摆在面前，闲聊着，感受着，该是怎样的人生快事！

赏月，是唐代八月十五最重要的习俗活动。八月十五中秋节，在白居易生活的年代，还是个新兴的节日，国家法

（南宋）李嵩《月夜看潮图》

定假日中还没有它的身影，它的节日习俗也比较单一，主要就是赏月。当然，赏月的时候，可以饮酒，亦可以作诗。唐朝人创造了大量描写月亮的诗，许多都是八月十五赏月的副产品。

赏月在唐代是全民行为，所以王建《十五夜望月寄杜郎中》诗云："今夜月明人尽望，不知秋思落谁家。"刘禹锡《奉和中书崔舍人八月十五日夜玩月二十韵》诗云："远近同时望，晶荧此夜偏。"

唐朝人痴迷于赏月，往往夜深才罢，甚至彻夜不睡，如崔备在《和武相公中秋锦楼玩月（得前字、秋字二篇）》诗中所说："清景同千里，寒光尽一年。竟天多雁过，通夕少人眠。"

为了更好地欣赏月亮之美，感受与自然交融的境界，唐朝人还非常讲究赏月的地点，不少人都会像白居易和他的朋友们一样选择寺庙，为的是"今夜清光此处多"（《华阳观中八月十五日夜招友玩月》）。

当然水边也是赏月的好去处。"镜里秋宵望，湖平月彩深。圆光珠入浦，浮照鹊惊林。澹动光还碎，婵娟影不沉。远时生岸曲，空处落波心。迥彻轮初满，孤明魄未侵。桂枝如可折，何惜夜登临。"（陈羽《中秋夜临镜湖望月》）在诗人陈羽的笔下，澹动的湖水、惊起的山鹊、摇曳的月光，共同构成动感十足、活泼可人却又格外静谧的月夜图景，的确令人心旷神怡。

银汉秋期万古同：七夕

元和元年（806），白居易登才识兼茂明于体用科，被授为盩厔（今陕西周至）尉。一天，他与友人陈鸿、王质夫到马嵬驿附近的仙游寺游览，谈及唐玄宗李隆基和杨贵妃的故事。王质夫认为，像这样世间少有的故事，若没有大手笔加工润色，也会随着时间的推移而淹没在历史风尘之中。于是他鼓励白居易说："乐天深于诗，多于情者也，试为歌之，如何？"于是，白居易写下了一首长篇叙事诗，这就是千古名篇《长恨歌》。在这首长篇叙事诗里，作者以精练的语言、优美的形象、叙事和抒情结合的手法，叙述了唐玄宗、杨贵妃在安史之乱中的爱情悲剧。诗共分四个部分，第一部分叙述安史之乱前，唐玄宗得到"回眸一笑百媚生"的杨贵妃后沉湎于歌舞酒色。第二部分写安史之乱中，玄宗逃难，被迫赐死贵妃。第三部分描写杨贵妃死后，唐玄宗缠绵悱恻的相思之情。第四部分叙述唐玄宗在方士的帮助下，终于在虚无缥缈的仙山上觅得杨贵妃魂魄，二人相见，互诉衷肠。诗中提到七月七日的深夜，唐玄宗与杨贵妃在长生殿发下誓言："在天愿作比翼鸟，在地愿为连理枝。"唐玄宗、杨贵妃都是真实的历史人物，但《长恨歌》主要是借着历史的影子，根据当时的传说、街坊的歌唱创作出来的爱情故事，某年七月七唐玄宗与杨贵妃是否真的在长生殿中夜半私语我们不得而知，但这一情节所发生的风俗背景却是真实的。

七夕节，又称"乞巧节"。因节期在七月七日，又称"双七节""七月七"，大约在汉代出现。最早提及七月七日民俗活动的是东汉崔寔的《四民月令》（约成书于166年）："是日也，可合药丸及蜀漆丸；曝经书及衣裳；作干糗；采葸耳。"伴随牛郎织女传说进入七夕节，新的习俗活动应运而生。西晋周处《风土记》记载当时的七夕活动已有"施几筵，设酒果，祀织女、牵牛二星，祈富寿及子"。

到唐代，七月七已发展成为民俗大节，从城市到乡村，从宫廷到民间都会开展许多习俗活动。这天，人们要晒衣服，或用蜘蛛结丝乞巧，杜甫《牵牛织女》云："曝衣遍天下，曳月扬微风。蛛丝小人态，曲缀瓜果中。"而穿针乞巧是更为流行的习俗，林杰《乞巧》云："家家乞巧望秋月，穿尽红丝几万条。"又有拜星乞子的做法，根据韩鄂《四时纂要》:“是夕于家庭内设筵席，伺河鼓、织女二星，见天河中有奕奕白气、光明五色者，便拜，乞贵子。”唐朝的人们还乐于宴饮，并形成明星酒、同心脍、斫饼等专门的节令饮食。而唐玄宗、杨贵妃也是七夕活动的积极参与者。根据王仁裕《开元天宝遗事》记载：

> 帝与贵妃，每至七月七日夜在华清宫游宴。时宫女辈陈瓜花酒馔列于庭中，求恩于牵牛、织女星也。又各捉蜘蛛闭于小合中，至晓开视蛛网稀密，以为得巧之候，密者言巧多，稀者言巧少，民间亦效之。
>
> ……
>
> 七夕，宫中以锦结成楼殿，高百尺，上可以胜数十人，陈以瓜果酒炙，设坐具，以祀牛、女二星。嫔妃各以九孔针、五色线，向月穿之，过者为得巧之候。动清商之曲，宴乐达旦。士民之佳皆效之。[1]

由上述可见，白居易让唐玄宗与杨贵妃的誓言发生在

① （五代）王仁裕撰、丁如明校点：《开元天宝遗事》，载上海古籍出版社编，丁如明、李宗为、李学颖等校点：《唐五代笔记小说大观》（全二册），上海古籍出版社，2000年版，第1732、1728、1730、1738页。

七月七日长生殿，是极其恰当的。《长恨歌》影响深远，元代白朴的杂剧《唐明皇秋夜梧桐雨》、明代吴世美的传奇《惊鸿记》、清代洪昇的传奇《长生殿》等，都曾受到《长恨歌》的启发。

白居易还曾创作两首七夕诗，其一云：

烟霄微月澹长空，银汉秋期万古同。
几许欢情与离恨，年年并在此宵中。

一弯新月挂在高高的夜空，分居银河东、西两边的牛郎织女，从来都是怀着深长的情思隔着银河相互眺望，唯每年七月七日夜里渡河一会，相聚的欢愉、离别的愁绪都只在今夜。这首诗借牛郎织女抒发了钟情男女的哀怨与离恨，表达出对有情人聚少离多的深深同情。另一首仅留两句：

忆得少年长乞巧，竹竿头上愿丝多。

可见白居易少年时代也是乞过巧的，而且是用蜘蛛乞巧。

月下思故人：中秋

元和二年（807）秋天，白居易调任进士考官，后又充任翰林学士。元和三年，迁左拾遗。元和四年的八月十五日夜，白居易作了一首诗，从中可见他仍然在饮酒玩月中度过了一段美好时光：

八月十五日夜闻崔大员外翰林独直对酒玩月因怀禁中清景偶题是诗

秋月高悬空碧外，仙郎静玩禁闱间。
岁中唯有今宵好，海内无如此地闲。
皓色分明双阙榜，清光深到九门关。
遥闻独醉还惆怅，不见金波照玉山。

大约也是在与朋友相聚玩月时，白居易获悉了与自己同时入充翰林学士、任职库部员外郎的崔群正在宫中值夜班，于是便作了这首律诗，通过想象，描写了崔群在宫禁之中独自玩月的情景和心态。

有趣的是，次年，时任京兆府户曹参军、翰林学士的白居易亲自感受了八月十五夜当值禁中的滋味。而这一夜，望着天空圆满的月亮，白居易陷入深深的思念之中。他思念着年初遭遇贬谪的好友元稹，并作诗：

八月十五日夜禁中独直对月忆元九

银台金阙夕沈沈，独宿相思在翰林。
三五夜中新月色，二千里外故人心。
渚宫东面烟波冷，浴殿西头钟漏深。
犹恐清光不同见，江陵卑湿足秋阴。

“元、白”情深是人所周知的事实，二人自从贞元十九年同以书判拔萃科登第，授秘书省校书郎之职，就因共同的志趣和爱好结下了深厚的友谊。但就在元和五年，元稹在从东都洛阳返回长安途经华阴敷水驿时，因驿房与中使刘士元[①]争了起来，结果“宰相以稹年少轻树威，失宪臣体，贬江陵士曹参军”[②]。事发后，白居易曾有《论元稹第三状》，力陈不应贬谪元稹的三大理由，但终究未能如愿，元稹还是由东台监察御史贬为江陵府士曹参军。当一轮皎洁的圆月在元和五年八月十五的天空升起之时，情同手足的朋友却分处

---

① 《新唐书·元稹传》作“仇士良”。
② 《新唐书》卷174。

大江南北，不得相见。“渚宫东面烟波冷，浴殿西头钟漏深”，夜已很深了，白居易却难以入眠，他想着远隔千里的朋友，想着二人虽然不在一处，聊可安慰的是还能同见一轮月亮，然而他又突然间想到，“江陵卑湿足秋阴”（《八月十五日夜禁中独直对月忆元九》，上同），江陵的今晚或许并没有月亮升起啊，不禁又陷入无限的愁思之中……

这一年，白居易对元稹的思念，并非只在八月十五夜才如此强烈，此前他作的《立秋日曲江忆元九》表达了同样的感情：

立秋日曲江忆元九

下马柳阴下，独上堤上行。
故人千万里，新蝉三两声。
城中曲江水，江上江陵城。
两地新秋思，应同此日情。

这一天，白居易策马来到曲江边，他牵着马在堤上柳荫下悠悠独行，耳畔是秋蝉的鸣叫，心中却是远在江陵的朋友的音容。

第三章

天地自久长：渭南丁忧

游宴且酣畅：重阳

元和六年（811），白居易的母亲陈夫人去世，白居易离职丁忧[1]，退居下邽。元和九年（814）重回长安，授太子左赞善大夫之职。在下邽生活三年多的时间里，白居易也留下了几篇节日诗文。

第一篇是元和七年（812）的《九日登西原宴望（同诸兄弟作）》。这是一首写重阳节的诗。重阳节时在九月九日，“九

① 根据儒家传统的孝道观念，朝廷官员在位期间，如若父母去世，则无论此人担任何官何职，从得知丧事的那一天起，必须辞官回家，为父母守制二十七个月，此为丁忧。

为阳数，而日月并应，俗嘉其名，以为宜于长久”。[1]学者一般认为重阳节源起于汉代，魏晋南北朝时期已然流行，成为官民共享的大节。如南朝宗懔《荆楚岁时记》记载荆楚一带，“九月九日，四民并籍野饮宴”，民众都在野外饮酒宴会。重阳节到唐代更加兴盛，地位十分重要，是政府明文规定的“三令节”[2]之一，当时有“秋贵重阳冬贵腊”的说法。这天文武官吏放假，并可以得到赐钱以宴赏游乐。上层统治者的提倡使唐代重阳宴饮之风极盛，形成著名的“重阳曲江宴”“重阳鹿鸣宴”。而此时秋稼已获，秋色宜人，农民也得休息。节日期间，人们登高宴饮，戴茱萸，赏菊花，吃糕饼，十分惬意。所以诗人孟浩然《过故人庄》写的重阳节生活令人神往：“故人具鸡黍，邀我至田家。绿树村边合，青山郭外斜。开轩面场圃，把酒话桑麻。待到重阳日，还来就菊花。”十七岁的少年王维（701—761，一说699—761）能写出脍炙人口的《九月九日忆山东兄弟》，也是以此为社会背景的。白居易创作的重阳节日诗多达17篇，也很能说明重阳节的重要性。

---

① （三国）曹丕：《九日与钟繇书》，载（唐）徐坚等辑《初学记》，京华出版社，2000年版，第132页。

② 唐德宗以夏历二月一日为中和节，与三月三日上巳、九月九日重阳合称三令节。

（明）钱穀《补沈周重阳酒兴诗图》（局部）

九日登西原宴望同诸兄弟作

病爱枕席凉，日高眠未辍。
弟兄呼我起，今日重阳节。
起登西原望，怀抱同一豁。
移座就菊丛，糕酒前罗列。
虽无丝与管，歌笑随情发。
白日未及倾，颜酡耳已热。
酒酣四向望，六合何空阔。
天地自久长，斯人几时活？
请看原下村，村人死不歇。
一村四十家，哭葬无虚月。
指此各相勉，良辰且欢悦。

元和七年的这首《九日登西原宴望（同诸兄弟作）》，既很好地反映了唐代重阳节的基本状况，也很好地揭示了白居易的生活与个性。

重阳节这天，日头升得很高了，身体不适的白居易还在睡着，直到弟兄们过来告诉他今天是重阳节大家要出去游宴后才起床。“起登西原望，怀抱同一豁。”在菊花丛中摆上重阳糕、重阳酒，大家伙儿席地而坐，又是唱歌又是饮酒，虽没有丝竹伴奏，但同样玩得不亦乐乎，酒也喝得酣畅淋漓，“白日未及倾，颜酡耳已热”。这时候，酒已半酣的白居易起身瞭望秋日的原野和天空，这是怎样辽阔无垠的原野和天空啊！站在苍茫大地之间，一种他人不易觉察的悲哀顿时涌上心头，他似乎是在问天也是在问自己：“天地自久长，斯人几时活？”其实这是个并不需要思考就能回答的问题。“请看原下村，村人死不歇。一村四十家，哭葬无虚月。”死亡是如此频繁地光临人间，而每个人都向死而生，谁也摆脱不了死亡的归宿！此时强烈意识到生命易逝和无常的白居易将自己的感受说给了兄弟们，他希望大家一定要活好每一天，在这样的佳节良辰里，尤其要尽情欢笑，不能虚度。

白居易的诗没有告诉我们他们玩到何时才回到家中，但相信对生命均有所感悟的弟兄们会以更热烈的狂欢来响应他的话。无疑，这是个值得记忆和书写的重阳节。

良夜信难得：中秋

第二篇是元和八年（813）的《效陶潜体诗十六首》，白居易自序云：

余退居渭上，杜门不出，时属多雨，无以自娱。会家酝新熟，雨中独饮，往往酣醉，终日不醒。懒放之心，弥觉自得，故得于此而有以忘于彼者。因咏陶渊明诗，适与意会，遂效其体，成十六篇。醉中狂言，醒辄自哂，然知我者，亦无隐焉。

这组诗中的第七首写的是中秋节：

效陶潜体诗十六首（其七）

中秋三五夜，明月在前轩。
临觞忽不饮，忆我平生欢。
我有同心人，邈邈崔与钱。
我有忘形友，迢迢李与元。
或飞青云上，或落江湖间。
与我不相见，于今四五年。
我无缩地术，君非驭风仙。
安得明月下，四人来晤言？
良夜信难得，佳期杳无缘。
明月又不驻，渐下西南天。
岂无他时会，惜此清景前！

彼时蟾兔已升，酒席已摆，白居易却忽然想起了自己最好的四个朋友：崔群、钱徽、李绅与元稹。崔群时任礼部侍郎，钱徽时任中书舍人，李绅时任国子助教，元稹则仍任职江陵士曹参军，他们或在庙堂之上，或在江湖之远，但都与自己数年不见。“安得明月下，四人来晤言？”多么希望他们能来在这下邽的月光下相聚夜谈啊！然而白居易清楚地知道，“良夜信难得，佳期杳无缘”。看着明月渐渐西去，他忽然转念一想：“岂无他时会，惜此清景前！”虽然此情无由得见，焉知将来不能相见？既然如此，倒不如怀着美好的期待接受现实，珍惜和享受眼前这可得的良辰美景。有了这份心情，刚才还“临觞忽不饮”的白居易这夜怕又是一醉方休了。

寒食非长非短夜：寒食

寒食节曾是我国传统社会中一个十分重要的节日。因人们在节日期间禁止用火、吃冷食而得名。

关于寒食节的起源，说法不一，其中一种和介子推有关。介子推是春秋五霸之一晋文公重耳的大臣，据《左传》记载，重耳在当上国君之前，曾因国难流亡在外，介子推等几位大臣随行。经过十九年的颠沛流离，重耳重返晋国，登上王位。他对流亡期间跟随的大臣一一封赏，却忘了介子推。介子推也不争功，与母亲隐居山中。后来重耳去找他们，但“求之不获”，便将绵上一带封为介子推的祭田。这段史实在后来传说过程中不断丰富，增加了不少情节，比如：流亡过程中介子推割下自己大腿上的肉做羹汤，救了重耳一命；寻找介子推母子时，为了逼他们出来，重耳下令放火烧山，结果将介子推母子烧死；重耳十分悲痛，下令介子推母子烧死之日不能用火，由此形成了寒食节。

汉魏时期，太原一带的人们普遍相信，如果寒食节用火，被火烧死的介子推就会大怒，就会降下雹雪之灾。为了避免灾难，人们只能小心翼翼遵守禁忌。两汉之际桓谭的《新论》记载：“太原郡民，以隆冬不火食五日，虽有疾病缓急，犹不敢犯，为介子推故也。”《后汉书·周举传》也载：“太原一郡旧俗，以介子推焚骸，有龙忌之禁，至其亡月，咸言神灵不乐举火，由是士民每冬中辄一月寒食，莫敢烟爨。”由于当时的寒食节在隆冬季节，人们长时间不用火、吃冷食，造成了“老小不堪，岁多死者”的严重后果，受到上层统治者的重视，曹操、北魏孝文帝拓跋宏、后赵开国皇帝石勒等都曾下令禁断寒食。不过，这并没有阻止寒食节的发展，南北朝时期，伴随着大量移民的南迁，它已经传播到荆楚一带。值得注意的是，这个时期，寒食节的过节时间发生了变化，原本在隆冬季节，现在变为冬至后第一百零五日。节日习俗和节日格调也发生了重大变化，出现了造饧大麦粥、挑菜、斗鸡、镂鸡子、斗鸡子等习俗活动。发展到唐代，寒食节更成为最重要的节日之一。王冷然有诗云："天运四时成一年，八节相迎尽可怜。秋贵重阳冬贵腊，不如寒食在春前。"（《寒食篇》）

唐代寒食节的节期在冬至后一百零五日，起初放假三天，由于和二十四节气中的清明前后相连，伴随着清明节地位的上升，寒食、清明往往连起来放假，假期增至五天之多；习俗活动也更加丰富，包括改火、扫墓等仪式活动，吃饧粥等饮食活动，荡秋千、放风筝、斗鸡、蹴鞠、踏青等娱乐活动，等等。寒食节和清明节的习俗活动基本一样，但在用火方面有较大差别。寒食节照例不能举火，因此只能吃冷食，喝冷水，扫墓的时候也不能烧纸钱；清明节则要取新火，宫廷中甚至会举行取新火的盛大仪式，取得新火后，皇帝还会将新火赏赐给文武大臣。曾任慈州刺史的谢观以一个参与者、受赐者身份，在《清明日恩赐百官新火赋》中抒发了自己的所见所感和喜悦感激之情，赋中对赐新火仪式过程和盛况的描写尤为细致精彩：清明节一大早，就有人将钻燧取来的榆柳新火献上朝廷。皇帝下令，颁赐新火。于是，太监们将众多的蜡炬在新火上点燃，列队而出，将新火引至宫廷之外。“振香炉以朱喷，和晓日而焰翻。出禁署而萤分九陌，入人寰而星落千门。”这种景象实在恢宏壮观。再看朝廷之内，在朝的官员都能分到一炬新火，他们感到无限荣光，纷纷叩谢皇恩浩荡，表达自己定要效忠国家的热切愿望。而后，皇帝大宴群臣，大家竞相用自己手中的新火炊爨取暖……这是一个盛大而热闹的场面，更是一种既树立君主个人权威又营造君臣和谐的权术。通过赐新火，皇帝显示了自己无上的地位，宣告了自己愿意让大臣们分享他的统治权力，并希望换回他们的忠诚；通过接受皇帝的赐火，大臣们表达了对君主地位和合法性的承认，表达了愿以忠诚回报君主恩宠和信任的决心。白居易也曾受到皇帝的恩赐，也曾撰写《谢清明日赐新火状》表达自己得到赐火后的激动和感谢之情。

白居易有二十四篇描写寒食节的诗文，五首描写清明节的诗文，其中一些很好地反映了当时寒食、清明的习俗活动。比如《寒食野望吟》就很好地描写了扫墓的情形。诗云：

（明）文徵明《春游图卷》（局部）

寒食野望吟

乌啼鹊噪昏乔木，清明寒食谁家哭。
风吹旷野纸钱飞，古墓垒垒春草绿。
棠梨花映白杨树，尽是死生离别处。
冥寞重泉哭不闻，萧萧暮雨人归去。

但这首创作于元和九年的《寒食夜有怀》，正如其题目所标示的，更多表达的是自己的节日心情：

寒食夜有怀

寒食非长非短夜，春风不热不寒天。
可怜时节堪相忆，何况无灯各早眠。

寒食节这天白居易有没有出去游玩，吃了何种冷食，诗中并无明确内容，但可以确知的是，由于寒食节禁火，灯也点不得，这天夜晚白居易只得早早就上床睡觉了。不过他似乎很长时间都没有睡着，因为“寒食非长非短夜，春风不热不寒天”，是最令人思念回忆的季节。躺在床上的白居易辗转反侧，是想起了童年的一段往事？还是想起了早夭的女儿金銮子？是想起了好友元稹还是又想起了恋人湘灵？这就只有诗人自己知道了。

重阳思亲冬遭贬：重阳

九日寄行简

摘得菊花携得酒，绕村骑马思悠悠。

下邽田地平如掌，何处登高望梓州。

元和九年五六月间，白居易的三弟白行简应剑南东川节度使卢坦之聘前往梓州，这首诗便作于当年的重阳节。这一天，白居易“摘得菊花携得酒，绕村骑马思悠悠”，他多么希望自己能够在这个以登高为俗的日子里，也登上高地借以望一望远处的梓州，望一望弟弟所在的地方啊！然而他骑马绕村找了许久，才发现“下邽田地平如掌”，竟没有一处可以登高望远的地方！“下邽田地平如掌”也许是白居易的夸张之词，因为两年前的那个重阳节，他就同弟兄们登上过西原（从诗句中可以看出那是一块高地）。不过有可能的是，在思弟心切的白居易眼里，下邽地势再高的地方也不足称高而只堪称平，因为它怎样也无法高到令白居易看到弟弟的地步！

元和九年冬，白居易开始任职太子左赞善大夫。但好景不长，任职不久便迁贬为江州司马。关于迁贬的原因，《旧唐书·白居易传》有清晰的说明：

> 十年七月，盗杀宰相武元衡，居易首上疏论其冤，急请捕贼以雪国耻。宰相以宫官非谏职，不当先谏官言事。会有素恶居易者，掎摭居易，言浮华无行，其母因看花堕井而死，而居易作《赏花》及《新井》诗，甚伤名教，不宜置彼周行。执政方恶其言事，奏贬为江表刺史。诏出，中书舍人王涯上疏论之，言居易所犯状迹，不宜治郡，追诏授江州司马。[①]

元和十年（815），两河藩镇联合叛唐，派人刺杀了当时力主讨伐藩镇的宰相武元衡。白居易上表主张严缉凶手，但被认为是越职言事。又有素来讨厌白居易的人趁机出来诬告，说白居易的母亲因为看花坠井而死，白居易竟然还写《赏花》和《新井》两首诗，这有伤风化。遭受诽谤的白居易被贬为江州刺史。中书舍人王涯又落井下石，说白居易不宜担任地方长官，结果白居易又被追贬为江州司马。

---

① 《旧唐书》卷166。

第四章

信马江头取次行：贬谪江州

风景触乡愁：元日

元和十年至元和十四年（815—819）出任江州司马期间，白居易也作了不少节日诗篇。他在《除夜》一诗中这样描写元和十一年的除夕夜：

除夜

薄晚支颐坐，中宵枕臂眠。
一从身去国，再见日周天。
老度江南岁，春抛渭北田。
浔阳来早晚，明日是三年。

从诗中，我们看不到白居易在辞旧迎新时刻的欢娱和放松，也看不到他对新年来临的期盼与热望，他似乎从除夕夜到来之时就留恋于对往事的缅怀与思索，留恋于对自己失意的忧伤。第二天，即元和十二年（817）的元日，怀着深深的乡愁和漂泊感，白居易登上地处江边的庾楼，并留下诗篇：

庾楼新岁

岁时销旅貌，风景触乡愁。

牢落江湖意，新年上庾楼。

元日是新年的第一天。唐朝人习惯称为元日，也有人称为新年、岁日、正旦、元朔、正朝、岁旦、新正。祭祖是元日的重要习俗活动，这在汉代已经流行。根据汉代崔寔《四民月令》的记载，元日首先是祭祀祖先的日子，为此，人们提前三天就要进行斋戒。当天向祖先敬酒请神后，全家无论年龄大小，要依照尊卑等次列坐于先祖之前，并向家长敬上椒酒，祝福长寿。在唐代仍有祭祖习俗，皇家也会遵循，比如唐中宗景龙二年（708）就规定“乾陵[1]每岁正旦、冬至、

① 唐高宗和武则天的合葬墓。

寒食，遣外使”祭祀。[①] 人们还经常在元日设家宴庆祝新年到来。宴会上饮酒是必不可少的，而且讲究饮一种特制的药酒——屠苏酒。韩鄂《四时纂要》详细记述了屠苏酒的制法、用法和功能：“大黄、蜀椒、桔梗、桂心、防风各半两，白术、虎杖各一分，乌头半分。右八味，剉，以绛囊贮。岁除日薄晚，挂井中，令至泥。正旦出之，和囊浸于酒中，东向饮之。从少起至大，逐人各饮少许，则一家无病。候三日，弃囊并药于井中。此轩辕黄帝之神方矣。”[②] 饮屠苏酒特别讲究年龄大小，一定是年少者先饮，年老者后饮。不少唐诗都反映了这一习俗。如顾况的《岁日作》写道：“不觉老将春共至，更悲携手几人全。还丹寂寞羞明镜，手把屠苏让少年。”[③] 发生在白居易和刘禹锡之间的一个小故事也反映了这一点。白居易与刘禹锡同岁，有一年元日，白居易到刘禹锡家中贺年，刘禹锡设宴招待，二人就谁先饮寿酒辞让一番，刘禹锡在《元日乐天见过因举酒为贺》中描写了“与君同甲子，寿酒让先杯”[④] 的情景。酒宴上还有一种酒叫蓝尾酒，讲究

---

① 见（宋）王溥：《唐会要》，中华书局，1955年版，第402页。

② （唐）韩鄂原编，缪启愉校释：《四时纂要校释》，农业出版社，1981年版，第262页。

③ （唐）顾况：《岁日作》，载《全唐诗》卷267。

④ （唐）刘禹锡：《元日乐天见过因举酒为贺》，载《全唐诗》卷358。

让年龄大的人喝，白居易有诗句云“岁盏后推蓝尾酒”，蓝尾酒之设表达了对长者的尊重。除了屠苏酒，元日还有自己的节令食品，颇富地方特色。比如“洛阳人家，正旦造丝鸡、葛燕、粉荔枝”[①]享用。在关中一带，人们普遍吃的是馄饨。

另外，元日还流行卜年的做法。卜年在汉代已经流行。《史记》云：“凡候岁美恶，谨候岁始。”主要是根据当天的气象，如阴晴、风向、云气、冷暖、有雷无雷、有雨无雨、有雾无雾等状况，判断未来的收成、旱涝和是否有疾疫等。比如《四时纂要》记载，元日“风从东北来，大熟；东南来，疾疫”，若“无风，沉阴不见日而温，岁美十倍；若大风寒，菜甚贵”。孟浩然有诗云：“昨夜斗回北，今朝岁起东。我年已强仕，无禄尚忧农。桑野就耕父，荷锄随牧童。田家占气候，共说此年丰。”[②]也反映了农家卜年的习俗。

拜年贺寿是唐代元旦十分重要的习俗，而且讲究登门拜贺，刘禹锡“异乡无旧识，车马到门稀”[③]的“元日感怀”从反面揭示了这一点。人们拜年时，也像今天一样，会说些吉祥话语，比如扬州一带的民众拜年时“声道万岁”，薛逢

---

① （唐）冯贽：《云仙杂记》卷1，四库全书本。

② （唐）孟浩然：《田家元日》，载《全唐诗》卷160。

③ （唐）刘禹锡：《元日感怀》，载《全唐诗》卷358。

《元日田家》诗云“相逢但祝新正寿”，说的也是这个意思。而宫廷中的元旦朝会，主题也是拜年贺寿，只是具有更强的政治意义。参加朝会的人员既有京中文武官员，也有来自各州的朝集使、使人，还有来自外国的客人以及皇亲国戚。在朝会之上，皇帝“受四海之图籍，膺万国之贡珍”，并接受百官臣僚的上寿祝贺。上寿毕，皇帝会赏赐群臣酒食，宴会往往在百戏表演和乐曲的伴奏声中进行。“大国礼乐备，万邦朝元正。”（王建《元日早朝》）这是盛大壮观的聚会活动，呈现出歌舞升平、等差有序、天下和谐的欢乐气氛。

然而这样盛大的仪式，身处江湖之远的白居易是无缘参加的。在原本应该欢乐、享受阖家团圆的元和十二年的新年第一天，他孤独地在庾楼上感叹自己的遭遇，思念自己的家乡。

每登高处长相忆：上巳

庾楼相传为东晋名士、大将庾亮所建。楼南对庐山，“北临大江，气象雄丽”。宋代诗人陆游曾著文赞赏它的美丽：“楼不甚高，而觉江山烟云皆在几席间，真绝景也！”（陆游《入蜀记》，上同）白居易任江州司马时，曾经多次登上庾楼。

元和十二年三月三日上巳节，白居易再次登上庾楼，习惯登高怀远的他，这一次因为登的是庾楼而想起了好友庾敬休：

三月三日登庾楼寄庾三十二

三日欢游辞曲水，二年愁卧在长沙。

每登高处长相忆，何况兹楼属庾家。

庾敬休（？—835），字顺之，其先南阳新野人。祖父庾光烈为大理少卿，父亲庾何为兵部郎中。庾敬休本人则通过科举考试步入仕途，举进士，以宏词登科，授秘书省校书郎，与白居易是志同道合的好朋友。白居易曾有诗《梦与李七、庾三十二同访元九》云："夜梦归长安，见我故亲友。损之在我左，顺之在我右。云是二月天，春风出携手。同过靖安里，下马寻元九。"由此可见二人的亲密关系。对好友的深切怀念和对以往美好生活的深情追忆，构成了白居易迁贬江州之后情感生活的重要内容，因而在上巳节登临庾楼想起庾敬休，想起曾经的上巳节生活，是再自然不过的事情。

上巳节是一个历史悠久的节日，大多数学者认为早在周代即已出现，汉代流行开来。上巳节的时间最早在三月上巳日，主要习俗活动是到水边祓禊，拂除不祥，祈求平安吉利。正如东汉蔡邕《禊文》所云："洋洋暮春，厥日除巳，尊卑烟骛，惟士与女，自求百福，在洛之涘。"[①]魏晋南北朝时期，节日时间逐渐固定到三月三日，习俗也更加丰富多彩。到水边濯足洗手，将酒洒于河中，将鸡蛋和枣放在水面，列宴做饮，是当时常见的做法，此时还形成颇有雅趣的曲水流觞之俗。也正是在这种背景下，才有了东晋穆帝永和九年（353）三月三"群贤毕至，少长咸集"的兰亭集会，他们于茂林修竹之中，清流激湍之旁，流觞曲水，饮酒作诗，也才产生了冠绝千古的《兰亭集序》。到唐代，上巳节发展到顶峰，刘驾《上巳日》云："物情重此节，不是爱芳树。明日花更多，何人肯回顾。"[②]虽然不免有些夸张，却的确反映了这个节日在时人心目中的重要性。人们乐此不疲地走到春天的大自然中，踏青赏花、游戏玩耍，在水中竞渡，在船上设宴禊饮、歌舞奏乐，安排百戏表演。都城长安的上巳节更加热闹。位于城南朱雀桥之东的曲江池，是当时最大的名胜风景区，皇帝常在此举办宴会，赏赐大臣。对此，

① 《古今图书集成·岁功典》卷37，"上巳部"，中华书局影印本，1934年版。
② 《全唐诗》卷585。

殷尧藩（780—855）有诗云：

上巳日赠都上人

三月初三日，千家与万家。
蝶飞秦地草，莺入汉宫花。
鞍马皆争丽，笙歌尽斗奢。
吾师无所愿，惟愿老烟霞。
曲水公卿宴，香尘尽满街。
无心修禊事，独步到禅斋。
细草萦愁目，繁花逆旅怀。
绮罗人走马，遗落凤凰钗。

诗中显示了曲江上巳的热闹与繁华。这样的热闹与繁华，曾在长安任职多年的白居易定然是感受过的，只是自己早已离开那繁华之地，“三日欢游辞曲水，二年愁卧在长沙”（《三月三日登庾楼寄庾三十二》）。那些美好时光都化为了过往，唯有在心中怀念、怅惘罢了。

寒食节与上巳节总是前后相连，元和十二年的寒食节，白居易也走出户外，并写作了一首诗：

寒食江畔

草香沙暖水云晴，风景令人忆帝京。

还似往年春气味，不宜今日病心情。

闻莺树下沈[1]吟立，信马江头取次行。

忽见紫桐花怅望，下邽明日是清明。

江州一带的春天是美丽的，“草香沙暖水云晴”的风景深深地吸引着白居易。他时而“闻莺树下沈吟立”，时而“信马江头取次行”，贪婪地享受着江南春天的气息。然而不知不觉中他又堕入对帝京长安的思念之中，而当蓦然望见那一树树开得灿烂的紫桐花时，他的心又不禁飞回了故乡下邽……

寂寞清明日：清明

时隔整整一年，元和十三年（818）的清明日到来之际，正是白居易送韦绶贬虔州（今江西赣州一带）的别离之时：

① 沈，通“沉”。

清明日送韦侍御贬虔州

寂寞清明日，萧条司马家。

留饧和冷粥，出火煮新茶。

欲别能无酒，相留亦有花。

南迁更何处，此地已天涯。

韦绶（？—823），京兆人，字子章，德宗建中末为长安尉。宪宗元和中改职方郎中。唐穆宗李恒（795—824）为太子时，韦绶担任侍读。讲书之余，韦绶喜欢用民间的一些粗鄙玩笑话逗太子开心。后来太子将从韦绶那里听来的笑话讲给父亲听，本想博父亲一笑，没想到唐宪宗听了很不高兴。他说："凡侍读者，当以经义辅导太子，纳之轨物，而绶语及此，予何望耶？"[①] 一怒之下便罢了韦绶的侍读官，贬去虔州当刺史。

白居易是在自己的家中为韦绶饯别的，桌上有寒食节常吃的饧和冷粥，还有用清明日的新火煎煮的茶，当然还有必不可少的酒。对白居易来讲，别离已是人生不幸事，更何况是送遭遇贬谪的朋友到人烟稀少的虔州去呢？在他看来，

① 《旧唐书》卷162。

（明）仇英《浔阳送别图》（局部）

相对于帝京长安，江州已是天涯，而虔州还在江州以南更为遥远的地方！白居易在给韦绶的送别诗中用“寂寞”形容这个“清明日”，用“萧条”形容自己的家，确实是有感而发。

而同年的三月三日，白居易再次想起了好友元稹，想起了二人同为校书郎时共度的快乐时光，那时的三月三是多么令人心向往之！

三月三日怀微之

良时光景长虚掷，壮岁风情已暗销。

忽忆同为校书日，每年同醉是今朝。

西北望乡何处是：中秋

将过去的节日生活与当下的节日生活进行比较，是白居易创作节日诗的常用表现手法。然而这又不仅仅是一种表现手法的问题，曾经的生活经历早已深入骨髓里血液中，无论如何都是挥之不去的，身处江州的白居易总是亲身体验着当下与过去的不同，他常常在回忆中感受心灵的孤寂，却又用回忆温暖自己孤寂的心灵。

元和十三年的八月十五夜同样如此：

八月十五日夜湓亭望月

昔年八月十五夜，曲江池畔杏园边。

今年八月十五夜，湓浦沙头水馆前。

西北望乡何处是，东南见月几回圆。

临风一叹无人会，今夜清光似往年。

秋高气爽，皓月当空，白居易来到“湓浦沙头水馆前”，他临风独立，抬头望向那一轮圆月，不由回忆起“昔年八月十五夜，曲江池畔杏园边”的情景。这月亮还是那月亮，这月光似乎也同往年一样，但是故乡在哪里呢？共同赏月的人又在哪里呢？此情此景，如何不令人“临风一叹无人会”？又如何不令人发出“西北望乡何处是”的叹问啊。

《九日醉吟》是白居易在江州司马任上写的最后一首节日诗，但这首诗与其说是对元和十三年重阳节心情、生活的描摹，倒不如说是对三年江州生活的描写与总结：

九日醉吟

有恨头还白，无情菊自黄。

一为州司马，三见岁重阳。

剑匣尘埃满，笼禽日月长。

身从渔父笑，门任雀罗张。

问疾因留客，听吟偶置觞。

叹时论倚伏，怀旧数存亡。

奈老应无计，治愁或有方。

无过学王绩，唯以醉为乡。

贬谪江州可谓白居易一生的转折点：在此之前他以“兼济天下”为志，希望能做对国家人民有益的贡献；自此之后，他的行事渐渐转向“独善其身”，虽仍不乏关怀人民之心，但表现出的行动却恬淡多了。

第五章

明年尚作南宾守：擢迁忠州

自经放逐来憔悴：端午

元和十四年（819），四十八岁的白居易离开江州赴忠州刺史任。忠州，在今重庆市忠县，周朝时属巴国地，秦朝时立巴郡，后来其行政区划不断变更。唐太宗贞观八年（634），因巴国将领巴蔓子及巴郡太守严颜并以忠烈著称，改称忠州。唐玄宗天宝元年（742），改忠州为南宾郡。唐肃宗乾元元年，复为忠州，领临江、垫江、丰都、南宾、桂溪五县。相对江州司马而言，白居易此番任职忠州刺史显然是得到了提升。然而，对于有着浓厚长安情结的白居易而言，地处偏远的忠州距离国家的政治中心、文化中心还是太远太远了。“水陆四千里，何时归到秦？”（《送客归京》）更何况这里“山东邑居窄，峡牵气候偏。林峦少平地，雾雨多阴天”

(《初到忠州登东楼寄万州杨八使君》)，地形气候都不那么令人满意。因此，在白居易看来，任职忠州仍然是一次放逐。在这种情况下，我们也就不难理解，他在《和万州杨使君四绝句·竞渡》中何以写出如下的诗句了：

和万州杨使君四绝句·竞渡

竞渡相传为汨罗，不能止遏意无他。
自经放逐来憔悴，能校灵均死几多？

端午节时在五月五日，先秦时期已经出现，汉魏以降，伴随着人口大规模的移动和南北文化的交融，不断发展壮大，不仅形成了专门的节日饮食，如粽子、菹龟、䱹鱼、菖蒲酒，还形成了专门的饰品，如系在胳膊上、用五色丝做成的长命缕，挂在门上以避恶气的桃木印，用艾草做成老虎形状的艾虎，等等。此外竞渡习俗也在南方流行开来。根据宗懔《荆楚岁时记》的记载，竞渡的船只称为飞凫，分成两队，一队叫“水车”，一队叫“水马”。竞渡的时候，“州将及士人悉临水而观之”。[①]

① （梁）宗懔著、宋金龙校注：《荆楚岁时记》，山西人民出版社，1987年版，第48—49页。

（唐）李昭道《龙舟竞渡图》

到唐代，端午节进一步兴盛，成为官民共享的民俗大节。唐玄宗的《端午三殿宴群臣探得神字》很好地反映了当时端午节的盛况：

端午三殿宴群臣探得神字

五月符天数，五音调夏钧。
旧来传五日，无事不称神。
穴枕通灵气，长丝续命人。
四时花竞巧，九子粽争新。
方殿临华节，圆宫宴雅臣。
进对一言重，遒文六义陈。
股肱良足咏，风化可还淳。

诗中所言宴会饮酒、吃粽子、斗百草、戴五色丝，都是当时流行的端午习俗活动，此外还有合药、铸镜的习俗，而竞渡也从南方流传到北方了。此时，竞渡用的船只形制更加多样，有鸟舟，也有龙舟："兰桡鸣鹤之舟，桂棹晨凫之舸。鸭头泛滥，与青雀而争飞；鹢首参差，共飞龙而竞逐。"[1]竞渡船的造价很高。根据唐朝初年水衡监提交的一份申请报

① （唐）张鷟：《龙筋凤髓判》卷2，四库全书本。

告《五月五日洛水竞渡船十只请差使于扬州修造须钱五千贯请速分付》来看，每只船就要用钱五百贯。按当时的物价，一斗米约值五文钱，五百贯就是五十万文钱，可以买到十万斗米。

唐代人对竞渡十分热爱，届时不论是竞渡的舟子[①]，还是旁观的民众，都如痴如醉，沉溺于其中，呈现出一种狂欢局面。张建封的《竞渡歌》对此有出色的描写：

竞渡歌

五月五日天晴明，杨花绕江啼晓莺。
使君未出郡斋外，江上早闻齐和声。
使君出时皆有准，马前已被红旗引。
两岸罗衣破晕香，银钗照日如霜刃。
鼓声三下红旗开，两龙跃出浮水来。
棹影斡波飞万剑，鼓声劈浪鸣千雷。
鼓声渐急标将近，两龙望标目如瞬。
坡上人呼霹雳惊，竿头彩挂虹霓晕。
前船抢水已得标，后船失势空挥桡。

① 舟子，指船夫。出自《诗经·邶风》：“招招舟子，人涉卬否。”

疮眉血首争不定，输岸一朋心似烧。

只将输赢分罚赏，两岸十舟五来往。

须臾戏罢各东西，竞脱文身请书上。

吾今细观竞渡儿，何殊当路权相持。

不思得岸各休去，会到摧车折楫时。[①]

从这首诗可以看出竞渡的热烈气氛和人们的专注投入。虽然距离开赛还有一段时间，但参加竞渡的船只已经开始了演练。当使君在红旗的导引下骑马来到现场，岸边早已人头攒动，聚满了观看的人群，尤其是女子们也加入进来，她们的香气弥漫四周，她们的银钗在阳光的照耀下闪闪发光。彩绸扎成的标已高挂在竿头，谁先夺取它谁就是胜利的一方。终于鼓响三下，比赛开始了。只见竞渡的两艘船像龙一样浮游于水面之上，齐扬的棹桨像飞出的剑迅速划动，鼓声越来越急，离标也越来越近。岸上观看的人们情绪激昂，他们大声呼喊，为自己倾向的一方加油。船手抢标，你争我夺，十分激烈，有时甚至大打出手，弄得头破血流，而那些在输船上下赌注的人因为输钱而内心像火烤一样难受。

① 张建封：《竞渡歌》，载《全唐诗》卷275。

等赛事结束，参加竞渡的划手就争相脱去衣服，请使君在自己的身上写一“上”字，以示荣耀。

特别令人注意的是，唐代端午节的社会交往活动十分频繁，亲朋好友之间，甚至君臣之间往往互赠礼物，如衣服、扇子等。唐太宗就曾在扇子上用飞白书字体书写“鸾凤蟠龙”等字，送与长孙无忌和杨师道，并说：“五日旧俗，必用服玩相贺。朕今各赐君飞白扇二枚，庶动清风，以增美德。”[①] 李白也曾接受过张镐派人从千里之外送来的两件罗衣，面对这样的端午节礼物，李白还赠诗作一首，表达了自己的感激之情。盛唐之后，皇帝和官员之间的进奉和赏赐也制度化和常态化了。司马光《资治通鉴》记载：“代宗之世，每元日、冬至、端午、生日，州府于常赋之外竞为贡献，贡献多者则悦之。”元人胡三省注解作：“自代宗迄于五代，正、至、端午、降诞，州府皆有贡献，谓之四节进奉。”[②] 在唐代，官员进奉贡献物品的同时还要进献表状，这些表状留存下来，成为我们了解当时进奉状况的重要资料。阅读这些表状，再参考其他文献，可以发现当时进奉的礼物主要有银器、鞍马、衣服、绢纱、行鞋等，偶尔也有献书的，王棨有《端午日献

① （宋）王溥：《唐会要》，中华书局，1955年版，第647页。

② 《资治通鉴》，第7280页。

尚书为寿赋》可以佐证。而皇帝赏赐臣僚的礼物以衣服、百索、银碗为多，此外还有钟乳、蚕丝、扇子、银枕、诏书等。在唐代，端午节是以驱邪避灾、保全生命、祈求健康长寿为主题的节日，上述礼物大多蕴藏着节日的主题，礼物的流动，让彼此互致祝福，从而加强了君臣之间的沟通和联系。

我们不知道身为忠州刺史的白居易是否也向宪宗皇帝进奉了节物，但没有收到皇帝的赏赐应当是个事实。否则，他也不会在诗中将自己比作屈原。

白居易想起屈原并非偶然。早在唐代以前，人们就相信端午节以及吃粽子、竞渡等习俗的起源都和屈原有关。到唐代，人们更加相信这一点。文秀曾有诗云："节分端午自谁言，万古传闻为屈原。"（《端午》）白居易对于端午和屈原的关系肯定了然于心。更重要的是，屈原一片赤诚，却历经两次流放，怀才难遇，忠直遭贬，流落异乡，自己的遭遇与他何其相似啊！白居易这首和好友万州刺史杨归厚（约776—831）的诗作，名为《竞渡》却对竞渡场面片字不提，他只是借屈原这个人物抒发自己的郁闷和不得意罢了。

当然，白居易想起屈原，也很可能是受到了忠州地方文化的影响。忠州一带的百姓对于屈原有着非同一般的深厚情感。这可以从苏轼的一首诗中看得清楚。

宋仁宗嘉祐四年（1059），距离白居易前来忠州任职整整240年，年仅二十二岁的苏轼（1037—1101）随父亲苏洵（1009—1066）入京，途经忠州南宾县（今重庆丰都）时，居然看到了一座屈原塔。他万万没有想到，在巴山蜀水之地，人们对屈原竟然怀有如此深厚的情感，年轻诗人的心灵被震撼了，他禁不住诗兴大发，创作出千古名篇《屈原塔》：

屈原塔

楚人悲屈原，千载意未歇。
精魂飘何处，父老空哽咽。
至今沧江上，投饭救饥渴。
遗风成竞渡，哀叫楚山裂。
屈原古壮士，就死意甚烈。
世俗安得知，眷眷不忍决。
南宾旧属楚，山上有遗塔。
应是奉佛人，恐子就沦灭。
此事虽无凭，此意固已切。
古人谁不死，何必较考折。
名声实无穷，富贵亦暂热。
大夫知此理，所以持死节。

关于屈原塔的来历，苏轼不甚清楚，我们也不知道它始于何时，也不知道白居易在忠州的时候是否见过这座塔，但当地崇敬屈原的风俗是毋庸置疑的。这种风俗也许进一步加深了白居易对屈原的理解。

临觞徘徊待明年：重阳

元和十四年的重阳节，白居易是在游宴中度过的，他既登上了巴子台，又来到涂溪边，还在涂溪题了诗。

根据祝穆《方舆胜览》："巴子台在临江县。白公《登城东古台》诗'迢迢东郊上，有土青崔嵬。不知何代物，疑是巴王台'。"[①] 又涂溪亦在临江县，曹学佺《蜀中名胜记》载："《华阳记》曰临江县有盐官在监、涂二溪，一郡所仰。按，涂溪在州东八十里。"[②]

九日登巴台

黍香酒初熟，菊暖花未开。

闲听《竹枝曲》，浅酌茱萸杯。

① （宋）祝穆《方舆胜览》卷61，四库全书本。

② （明）曹学佺：《蜀中名胜记》卷19，中华书局，1985年版。

去年重阳日，漂泊湓城隈。

今岁重阳日，萧条巴子台。

旅鬓寻已白，乡书久不来。

临觞一搔首，座客亦裴回。

在巴台，白居易与同行者在竹枝曲的吟唱中，在茱萸酒的畅饮中度过了一段美好时光。然而，多愁善感的白居易再次于良辰美景中感喟时光的流逝和人事的变迁，他重温着去年重阳节在江州湓城的情景，感叹自己如今鬓发已白却仍如浮萍一样漂泊无定，自己是那么渴望来自故乡的消息，现实却是音信杳无，这一切的一切，怎不令诗人感慨万千？“临觞一搔首，座客亦徘徊。”这样的情绪显然也深深感染了在座的其他人。

九日题涂溪

蕃草席铺枫叶岸，竹枝歌送菊花杯。

明年尚作南宾守，或可重阳更一来。

在涂溪时，白居易和同行者在长着枫树的岸边席地而坐，听着《竹枝曲》，喝着菊花酒，真是悠哉游哉！这时白居易的情绪也高昂起来，今年的重阳尚未过去，他已期待着“明年尚作南宾守，或可重阳更一来”。

心灰不及炉中火：冬至

但是，当冬至来临，当除夜来临，白居易又在节日时光里落入惆怅忧思之中。他这样描述自己的心情和容貌：

冬至夜

老去襟怀常濩落，病来须鬓转苍浪。

心灰不及炉中火，鬓雪多于砌下霜。

三峡南宾城最远，一年冬至夜偏长。

今宵始觉房栊冷，坐索寒衣托孟光。

在不久后的除夕，他用不同的语言表达了几乎同样的心绪：

除夜

岁暮纷多思，天涯渺未归。

老添新甲子，病减旧容辉。

乡国仍留念，功名已息机。

明朝四十九，应转悟前非。

时间的逝去、疾病的折磨让自己的容貌过早地苍老，与此并存的是对功名的心灰意冷和对故乡的一往情深。

大抵心安即是家：上巳、寒食

元和十五年（820）是白居易人生道路上的又一转折点，这年夏天，他离开忠州返回了长安，被授予尚书司门员外郎之职。此前的上巳节和寒食节，白居易仍是在忠州度过的：

三月三日

暮春风景初三日，流世光阴半百年。

欲作闲游无好伴，半江惆怅却回船。

上巳已是暮春时节，忠州的景色是美丽的，年近半百的白居易在感慨韶华流逝之际，真希望好好享受一下春光的美妙。他于是登船游江，观看山花烂漫、绿水悠悠……也许因为春光本来就容易引人思念朋友，也许因为看到了别人呼朋唤友相邀嬉戏的热闹，白居易再次感到没有好友共享春色

（明）仇英《春游晚归图》

的孤独。于是游兴顿减，“半江惆怅却回船”，他居然中途返回了。那惆怅定然是伴他一路吧。

上巳刚罢，寒食接踵而来：

寒食夜

四十九年身老日，一百五夜月明天。

抱膝思量何事在，痴男呆女唤秋千。

元和十五年的寒食节夜是一个月明之夜，月光之下，男男女女们招呼着，欢笑着，荡着秋千，此时的白居易却双手抱着膝盖又陷入沉思之中。真不知道当白居易的思绪突然被他人的欢笑惊扰时，他能否抖擞精神，也加入玩耍的热闹中去。

白居易在忠州跨时三个年头，但真正在任仅有一年多的时间。时间虽短，他和忠州却结下了深厚的情缘，用白居易自己的话说就是：“三年留滞在江城，草树禽鱼尽有情。”(《别种东坡花树两绝》）他描写这里的山山水水，在这里种树养花，其中《种桃杏》诗尤为感人：

种桃杏

无论海角与天涯，大抵心安即是家。

路远谁能念乡曲？年深兼欲忘京华。

忠州且作三年计，种杏栽桃拟待花。

他大力推荐介绍忠州的特色物产，《旧唐书·白居易传》记载，忠州“当峡路之深险处也，花木多奇。居易在郡，为木莲、荔枝图，寄朝中亲友，各记其状……咸传于都下，好事者喧然模写”，从而大大提升了忠州的知名度。而忠州人民也没有忘记白居易。“遗泽被山川万民长忆贤刺史，宏篇映日月百世同仰大诗人。”今天，矗立在长江沿岸气势恢宏的白公祠，依然讲述着白居易和忠州之间的动人故事……

第六章
回马迟迟上乐游：暂归长安

何异在忠州：寒食

返回长安的白居易于元和十五年十二月，改任主客郎中、知制诰，进中书舍人，又转上柱国。第二年，即唐穆宗长庆元年（821）的寒食节，白居易正赶上值夜班，他和几个新同事共同度过了这个春日的夜晚，《中书连直寒食不归因怀元九》是他值夜班时的怀想之作：

中书连直寒食不归因怀元九

去岁清明日，南巴古郡楼。

今年寒食夜，西省凤池头。

并上新人直，难随旧伴游。

诚知视草贵，未免对花愁。

鬓发茎茎白，光阴寸寸流。

经春不同宿，何异在忠州？

白居易由今年的寒食节想起了去年的清明日，其中既有对时光流逝的感叹，又有不得与故友游玩的遗憾。白居易思念的元稹此时也在长安，只是由于夜值的缘故二人不能聚会，这种情况下，白居易不由得发出“经春不同宿，何异在忠州”的反问。

萧飒凉风与衰鬓：立秋

这年的立秋日，白居易独自一人骑马出游，先是到曲江池边漫步，接着又登上乐游园，在萧瑟秋风中感受着京都长安秋天的到来：

立秋日登乐游园

独行独语曲江头，回马迟迟上乐游。

萧飒凉风与衰鬓，谁教计会一时秋。

然而，这次白居易在长安的时间并不长，大约一年半

（清）唐岱《院本新丰图》

之后，他就离开长安，赴杭州任刺史去了。

这一次离开京城是白居易主动请求外任的结果，而此举的缘起还要追溯到唐穆宗长庆元年的科举考试。当时礼部侍郎钱徽主持进士科考试，右补阙杨汝士为考官。中书舍人李宗闵的女婿苏巢、杨汝士的弟弟杨殷士和宰相裴度的儿子裴撰等登第。前宰相段文昌向穆宗奏称礼部贡举不公，录取都是通过“关节”。穆宗询问翰林学士李德裕、元稹、李绅，他们也都说段文昌的揭发是实情。于是穆宗令中书舍人王起和主客郎中、知制诰白居易担任考官进行复试，结果原榜十四人中，仅三人勉强及第，钱徽、李宗闵、杨汝士都因此被贬官。这件事激化了已经存在的牛李党争，从此以李德裕为首的朝官，以李宗闵、牛僧孺为首的朝官“各分朋党，更相倾轧，垂四十年”，加深了唐朝后期的统治危机。长庆元年十月，白居易转任中书舍人，十一月，又任考策官。“凡朝廷文字之职，无不首居其选，然多为排摈，不得用其才。时天子荒纵不法，执政非其人，制御乖方，河朔复乱。居易累上疏论其事，天子不能用。”白居易身处政治漩涡之中，并苦于才能不得施展，“乃求外任”[1]。长庆二年（822）七月，白居易除官杭州刺史，并于十月到达任所。

---

① 《旧唐书·白居易传》。

第七章

再把江南新岁酒：外放杭州

“不归渭北村，又作江南客。去乡徒自苦，济世终无益。”（《邓州路中作》）白居易在赴杭路上，经过邓州时写下如上诗篇。历经了太多政治风暴和宦海沉浮，已到知天命之年的白居易，深刻认识到现实与理想的距离。是兼济天下还是独善其身？此时的他已越来越倾向于选择后者。既然“退身江海应无用，忧国朝廷自有贤”（《舟中晚起》），那就不如乐天知命，过好自己的生活了。心态的转变，加上杭州地处江南，山水优美，风光秀丽，使白居易在杭州的心情迥别于从前。他的节日生活和情感也显现出别样色彩。

长庆三年（823）的清明节，白居易和朋友同僚们是在饮酒赋诗、欣赏歌妓舞曲中度过的：

清明日观妓舞听客诗

看舞颜如玉，听诗韵似金。

绮罗从许笑，弦管不妨吟。

可惜春风老，无嫌酒盏深。

辞花送寒食，并在此时心。

字里行间充满珍惜当下、及时行乐的气息。长庆四年（804）正月十五日，他更是将自己融入杭州上元节的狂欢之中：

正月十五日夜月

岁熟人心乐，朝游复夜游。

春风来海上，明月在江头。

灯火家家市，笙歌处处楼。

无妨思帝里，不合厌杭州。

风调雨顺，庄稼丰收，天下太平，人心安乐，为过好上元节奠定了坚实的经济基础和心理基础。集市上家家户户灯火通明，楼阁中处处笙箫歌舞。如此的繁华热闹又勾起白居易对长安的思念。然而春风、海上、明月、江头以及灯火、笙歌共同造就的毕竟是杭州的美丽，于是诗人忍不住对自己说道："白居易呀白居易，你可以思念都城长安，但不应该厌弃杭州呀！"

不过，白居易此时毕竟年过半百，对生命强烈的感知往往使他在节日里难以摆脱忧伤的情绪。这从创作于长庆三年秋社日的《祭社宵兴灯前偶作》诗中可以看得十分清楚。

城头传鼓角：社日

社日是祭祀社稷之神并会聚的日子，源于对土地和谷物的崇拜，曾是传统社会的重要节日，学者一般认为它起源于三代，初兴于秦汉，传承于魏晋南北朝，到唐代发展至其兴盛期。

> 社为九土之尊，稷乃五谷之长，春祈秋报，祀典是尊。[①]

当时社日一年有两个，所谓春祈秋报，春社在二月上

---

① （唐）李隆基：《饬敬祀社稷诏》，转引自《册府元龟》，中华书局，1960年，第361—362页。

（南宋）佚名《春社醉归图》

戊日举行，祈求社稷之神保佑风调雨顺，庄稼丰收；秋社在八月上戊日举行，在庄稼收成之后感恩神灵佑护。民以食为天，国以农为本，祭社稷是从中央到地方都要举行的礼仪，连最基层的乡村社会也是如此，所谓“婆娑依里社，箫鼓赛田神”（王维《凉州郊外游望》）。但社日并不仅仅是酬神的节日，也是娱人的节日。人们借此的机会，击鼓喧闹，纵酒高歌。于是“酿酒迎新社”（韦庄《纪村事》）、“村村庆有年”（殷尧藩《郊行逢社日》）、“家家扶得醉人归”（王贺《社日》），成为唐代社会的一道迷人风景。

杭州自然也是有春社、秋社的，长庆三年八月上戊日便是秋社的日子。作为杭州的最高长官，今天的白居易理应参加祭神的仪式：

祭社宵兴灯前偶作

城头传鼓角，灯下整衣冠。
夜镜藏须白，秋泉漱齿寒。
欲将闲送老，须著病辞官。
更待年终后，支持归计看。

傍晚时分，华灯初上，城头鼓角声鸣，白居易开始在灯下漱口，并整理衣冠，然而，也就是在这个时候他清晰地感到了自己的衰老——“夜镜藏须白，秋泉漱齿寒”。夜晚的镜子虽然造成头发未白的假象，但秋天的泉水漱口却掩盖不了牙齿酸痛的事实。老矣老矣，又该如何呢？“欲将闲送老，须著病辞官。更待年终后，支持归计看。”（白居易《祭社宵兴灯前偶作》，上同）催人奋进的鼓角声中，闲居退隐的念头却在白居易的心中萦绕不去……

一杯新岁酒：小岁日

四个多月后的腊月十九日，白居易迎来了“小岁日”。小岁日，是唐朝的小年，时间在腊日后的那一天。腊日是年终“田功告成”之后合祭诸神的日子，目的是报答神灵的贡献。如应劭《风俗通义》所说：“腊者，接也。新故交接，故大祭以报功也。”腊日起初时间不确定，汉代以后渐渐固定到冬至后第三个戌日。腊日曾经是中国传统社会十分重要的节日，《孔子家语》记载的孔子和学生子贡之间的一次对话，很能反映先秦时期腊日的兴盛。子贡观看腊祭活动回来，孔子问他是不是很快乐，子贡不以为然：“一国之人皆若狂，赐未知其乐也。”孔子却十分理解，他说：

“百日之劳，一日之乐，一日之泽，非尔所知也。张而不弛，文武弗能；弛而不张，文武弗为。一张一弛，文武之道也。”这段对话反映了子贡和孔子对腊祭的不同态度和理解，也反映了腊日在当时的重要性。在汉代，腊日是和正旦齐名的盛大节日，常以“正腊”并称。到唐代，腊日地位有所下降，但仍然拥有三天法定假期。人们仍然会在腊日祭祀各种神灵和祖先。官方腊祭在南郊圜丘举行，受祭的神灵近200个之多。届时皇帝还会赏赐臣僚澡豆、面脂等清洁护肤用品，为大家送去寒冬的温暖。元和初年，当时在长安任职的白居易也在腊日得到过口蜡及红雪、澡豆等赏赐，他专门撰写《腊日谢恩赐口蜡状》感谢皇恩：“伏以时逢腊节，候属祁寒，岂意圣慈，不忘微贱，念严凝而加之煦妪，虑皲瘃而润以脂膏。喜气动中，欢容发外，挟纩之恩所勉，和则体舒，不龟之泽既沾，感而手舞。”当时的心情是何等的高兴与激动！但时过境迁，此时的白居易早已离开长安，也早过了意气风发的人生阶段。长庆三年的小岁日，他独自一人，一边饮酒一边吟诵好友钱徽寄来的诗篇，真是感慨万千，不由赋诗一首：

小岁日对酒吟钱湖州所寄诗

独酌无多兴，闲吟有所思。

一杯新岁酒，两句故人诗。

杨柳初黄日，髭须半白时。

蹉跎春气味，彼此老心知。

十天之后，当除夜来临，多愁善感的白居易追忆往昔，计划未来，写成：

除夜寄微之[①]

鬓毛不觉白毵毵，一事无成百不堪。

共惜盛时辞阙下，同嗟除夜在江南。

家山泉石寻常忆，世路风波子细谙。

老校于君合先退，明年半百又加三。

鬓毛已在不知不觉中变白，想起自己一事无成，真觉不堪。我们一起惋惜在年华正好的时候告别都城，又一同嗟叹同在江南过除夕。我时常想起家乡的山山水水，也认真思

① 元稹，字微之。

考这世上的艰难险阻。微之啊，过了今天就是明年，我就五十三岁了！我年龄比你大几岁，理应早一点隐退！这是与挚友的隔空对话，也是白居易的内心独白。

且喜新正假日频：元日

第二天，便是长庆四年的元日。这天，白居易的一位朋友，时任苏州刺史的李谅（775—833）作了一首《苏州元日郡斋感怀，寄越州元相公、杭州白舍人》[①]，表达自己的新年心情和对白居易、元稹的思念。李谅，就是唐代著名传奇作家李复言，《续玄怪录》的作者，陇西（今属甘肃）人，贞元十六年和白居易同举进士。早年他曾参加王叔文为首的政治革新集团，任度支盐铁巡官、拾遗等职。唐宪宗即位后，革新派遭到贬谪，李复言也出任地方官，唐穆宗长庆二年调任苏州刺史。他与白居易、元稹三人是故交，多有诗文酬和之事，此时一个在苏州，一个在杭州，一个在越州（今浙江

① 《全唐诗》卷463。诗云："称庆还乡郡吏归，端忧明发俨朝衣。首开三百六旬日，新知四十九年非。当官补拙犹勤虑，游宦量才已息机。举族共资随月俸，一身惟忆故山薇。旧交邂逅封疆近，老牧萧条宴赏稀。书札每来同笑语，篇章时到借光辉。丝纶暂厌分符竹，舟楫初登拥羽旗。未知今日情何似，应与幽人事有违。"

绍兴)，相距不远，所以诗中说：“旧交邂逅封疆近，老牧萧条宴赏稀。书札每来同笑语，篇章时到借光辉。”（李谅《苏州元日郡斋感怀，寄越州元相公、杭州白舍人》)

收到来信的白居易作了一首酬答诗：

苏州李中丞以元日郡斋感怀诗寄微之及予辄依来篇七言八韵走笔奉答兼呈微之

白首余杭白太守，落魄抛名来已久。
一辞渭北故园春，再把江南新岁酒。
杯前笑歌徒勉强，镜里形容渐衰朽。
领郡惭当潦倒年，邻州喜得平生友。
长洲草接松江岸，曲水花连镜湖口。
老去还能痛饮无，春来曾作闲游否？
凭莺传语报李六，倩雁将书与元九。
莫嗟一日日催人，且贵一年年入手。

考虑到李复言作诗在元日，诗从苏州寄到杭州未必仍是元日，白居易的酬答诗因而也未必作于元日，但苏杭距离不远，酬答诗之作亦距元日不远，诗中表达的也是辞旧迎新的情绪。新年到来时，理应推杯弄盏，欢歌笑语，然而一想到“落魄抛名来已久”，想到“一辞渭北故园春”，想到“镜里形容渐衰朽”，白居易就难以真正高兴起来，而只能是“杯前笑歌徒勉强”。但李复言格调悲观的来诗显然激起了他的另一种情绪，当他意识到“邻州喜得平生友”，意识到人生应该抓住能够抓住的当下时，他居然劝起朋友来：“莫嗟一日日催人，且贵一年年入手。”

想必这一番劝慰朋友的话也劝慰了自己，在长庆四年的新年假期里，白居易虽同往年一样，在这个时刻格外感受到流年似水，却一扫常有的悲观情绪，在与周元范、萧悦等人欢宴饮酒时转而要大家“且喜新正假日频”“闻健此时相劝醉”。在吃这场岁酒[①]时，在座的各位必定又将各自的年龄拿来比较了一番，依据当时风俗，饮岁酒从年龄最小者饮起，五十三岁的白居易“岁酒先拈辞不得，被君推作少年人”，成为第一个饮酒的人。大约也正是在这个过程中，他突然发觉自己“脚随周叟行犹疾，头比萧翁白未匀”（《岁假内命酒赠周判官萧协律》，上同），还是个年龄不算太大，容貌不算太老，身体也还硬朗的人，因此不应太沉湎于对时间流逝的悲叹之中。

① 岁酒：古酒名，屠苏酒的别名，因在每年岁首元旦饮用，故得名。

（南宋）马和之《宋柳溪春舫图》

长庆四年五月，白居易以任太子左庶子分司东都，遂离杭赴洛。白居易在杭州任职前后三个年头，他疏浚西湖、兴修水利，多有政绩，但他写作《三年为刺史二首》对三年杭州生活进行总结时却说：“三年为刺史，无政在人口。唯向郡城中，题诗十余首。”杭州刺史任上，他自己最为得意的不是所谓的政绩，而是在郡城之中所题的十余首诗。毫无疑问，杭州的诗意生活在白居易的心中留下了深刻的印象，多年以后，他在《忆江南·江南忆》中直抒胸臆，丝毫不掩饰对杭州的偏爱和思恋：

忆江南三首（其二）

江南忆，最忆是杭州。
山寺月中寻桂子，
郡亭枕上看潮头。
何日更重游？

而当他在洛阳度过长庆四年的重阳节时，就不由得怀念起杭州的朋友，怀念起在杭州游乐的情景，并表达了自己无法在场的深深遗憾：

九日思杭州旧游寄周判官及诸客

忽忆郡南山顶上，昔时同醉是今辰。

笙歌委曲声延耳，金翠动摇光照身。

风景不随宫相去，欢娱应逐使君新。

江山宾客皆如旧，唯是当筵换主人。

不过很快，白居易就又返回江南。

第八章
彩绳芳树长如旧：转任苏州

虽老席间尽欢笑：重阳

唐敬宗宝历元年（825）三月，白居易成为苏州刺史。上有天堂，下有苏杭。在白居易心里苏州虽然比不上杭州，却也是他心中的挚爱，离开苏州后，他也曾这样表达对苏州的感情：“江南忆，其次忆吴宫。吴酒一杯春竹叶，吴娃双舞醉芙蓉。早晚复相逢？”［《忆江南三首（其三）》］而在他的苏州记忆里，自然少不了节日生活。

宝历元年重阳节，他在《九日宴集，醉题郡楼，兼呈周、殷二判官》诗中这样描写过节的情形：

江南九月未摇落，柳青蒲绿稻穗香。

姑苏台榭倚苍霭，太湖山水含清光。
可怜假日好天色，公门吏静风景凉。
榜舟鞭马取宾客，扫楼拂席排壶觞。
胡琴铮钹指拨刺，吴娃美丽眉眼长。
笙歌一曲思凝绝，金钿再拜光低昂。
日脚欲落备灯烛，风头渐高加酒浆。
觥盏滟翻菡萏叶，舞鬟摆落茱萸房。

这是个秋高气爽放假的日子，白居易大摆宴席，邀请同僚朋友共度重阳佳节。席间有美丽的姑娘演奏胡琴，跳舞唱歌。大家觥筹交错，玩得不亦乐乎，太阳下山还不愿归去，竟然又点起灯烛，继续欢宴。酒到半酣的白居易起身凭槛四望，苏州盛景尽收眼底：

半酣凭槛起四顾，七堰八门六十坊。
远近高低寺间出，东西南北桥相望。
水道脉分棹鳞次，里闾棋布城册方。
人烟树色无隙罅，十里一片青茫茫。

看到这里，他禁不住生出一种人生的满足感：

自问有何才与政，高厅大馆居中央。

铜鱼今乃泽国节，刺史是古吴都王。

郊无戎马郡无事，门有棨戟腰有章。

面对此情此景，虽然白居易不免又产生生命短暂的感伤，但他并没有陷入其中，而是清醒地认识到“五旬已过不为夭，七十为期盖是常。须知菊酒登高会，从此多无二十场”，并借此劝说大家珍视这次登高会，好好度过这个重阳节，尽情欢笑，一醉方休。

笑呼张丈唤殷兄：元日

宝历二年（826）的新年，白居易也是快乐的。元日这天，他和家人团聚在一起，共度佳节。对此，白居易的诗中有很好的记录：

岁日家宴戏示弟侄等兼呈张侍御二十八丈殷判官二十三兄

弟妹妻孥小侄甥，娇痴弄我助欢情。

岁盏后推蓝尾酒，春盘先劝胶牙饧。

形骸潦倒虽堪叹，骨肉团圆亦可荣。

（明）陈淳《重阳风雨图》

犹有夸张少年处，笑呼张丈唤殷兄。

大家坐在一起，案上有新年的节令食品春盘和胶牙饧，饮岁酒时照样依习俗从年龄小者开始，白居易因为最年长，便只好饮得蓝尾酒[①]。此时他虽然感叹自己“形骸潦倒”，但毕竟又认为“骨肉团圆”是人间幸事，更何况“犹有夸张少年处，笑呼张丈唤殷兄”，比起张侍御二十八和殷判官二十三，自己仍然是年龄较小的呢？这让白居易拥有了一种比上不足比下有余的知足心理。

新晴几处缚秋千：寒食、清明

不幸的是，这年二月白居易从马上摔下来伤了脚。这个春季的大多数时光他是在卧床养伤中度过的。当寒食节来临时，白居易也只能在傍晚时分的觱篥声中想象天晴后年轻人荡秋千的场景：

① 据朱金城笺校，吕祖谦的《诗律武库后集》云：“《太平广记·虎部》申屠龙曰：婪尾酒，最后饮也。元日饮酒，自少至长，盖祝寿之意。年最高者饮蓝尾杯。众劝三杯，喜其寿之高也。蓝尾犹吴越人称临尾，盖乡语也。白乐天诗备矣。”见《笺校》，第1653页。

病中多雨逢寒食

水国多阴常懒出，老夫饶病爱闲眠。

三旬卧度莺花月，一半春销风雨天。

薄暮何人吹觱篥，新晴几处缚秋千。

彩绳芳树长如旧，唯是年年换少年。

白居易想起秋千是极其正常的，因为荡秋千在当时是寒食节极其普遍的习俗活动。

宋人高承《事物纪原》记载：“（秋千）本山戎之戏也，自齐桓公北伐山戎，此戏始传中国。”大约汉武帝时，秋千在宫廷中得到发展。至迟到南北朝时期，荡秋千已成为寒食节的重要活动。唐代以后，秋千更为盛行。杜甫有诗云：“十年蹴鞠将雏远，万里秋千习俗同。”（《清明二首》）五代王仁裕《开元天宝遗事》记载，天宝年间，宫廷之中，寒食节“竞竖秋千，令宫嫔辈戏笑以为宴乐。帝呼为半仙之戏，都中士民因而呼之”。

风流天子唐玄宗称荡秋千为“半仙之戏”，确实精当而富含创意，想那些花容月貌的女子随着秋千在空中忽上忽下、忽高忽低，衣袂飘飘，环佩叮当，确实像极了美丽的仙女。当然，在唐代，荡秋千并非女子的专利，男子也可以参

（明）吴彬《岁华纪胜图 · 秋千》（局部）

加。莺歌燕舞、花红柳绿的春日，最爱秋千之戏的就是那些处在人生最美丽年华的青年男女。他们聚集在一起，轮流将秋千荡起。“长长丝绳紫复碧，袅袅横枝高百尺。”长长的秋千索是彩色的，高高地搭在秋千架上，“身轻裙薄易生力，双手向空如鸟翼”（王建《秋千词》，上同）。秋千架上，荡者张开双臂，像鸟儿一样忽上忽下；秋千架下，观者一片欢声笑语……此情此景，白居易定然是熟悉的，恐怕也是向往的，无奈病中的他只能感慨：“彩绳芳树长如旧，唯是年年换少年。”

随之而来的是清明日。

清明夜

好风胧月清明夜，碧砌红轩刺史家。

独绕回廊行复歇，遥听弦管暗看花。

这个夜晚轻风吹拂，月色朦胧，白居易的心情似乎好了很多。他独自一人，在家中绕着回廊走一走，停一停，欣赏着那些绽放的花朵，耳边萦绕着从远处传来的管弦之声……

闲游日久心慵倦：重阳

宝历二年的重阳节，白居易也是在苏州度过的。去年此时，他正在洛阳登高饮酒，恣意寻欢。同样是九月天气，同样是菊花绽放、茱萸飘香的时节，白居易却没有饮酒，没有参加登高会，其心情也迥然不同于去年。“怕飞杯酒多分数，厌听笙歌旧曲章”，成为这个节日里的真实心声。之所以出现这样的局面，一个很重要的原因是白居易这一年身体状况不好。他先是在二月落马伤了脚，五月又因眼病、肺病请了百日长假。他在诗中这样解释：

九日寄微之

眼暗头风事事妨，绕篱新菊为谁黄？
闲游日久心慵倦，痛饮年深肺损伤。
吴郡两回逢九月，越州四度见重阳。
怕飞杯酒多分数，厌听笙歌旧曲章。
蟋蟀声寒初过雨，茱萸色浅未经霜。
去秋共数登高会，又被今年减一场。

第九章

所思渺千里：晚归洛阳

不久，即宝历二年十月，白居易就离开苏州，返回洛阳。幸运的是，他在途中遇到正从和州（今安徽和县）也要返回洛阳的刘禹锡。

刘禹锡（772—842），字梦得，籍贯河南洛阳，出生于苏州嘉兴（今浙江嘉兴）。刘禹锡诗文俱佳，与白居易并称“刘白”，与柳宗元并称“刘柳”，《陋室铭》《竹枝词》《杨柳枝词》《乌衣巷》等诸多名篇都出自他的手笔。

贞元六年十九岁前后，刘禹锡游学洛阳、长安，在士林中获得很高声誉。

贞元九年，与柳宗元同榜进士及第。刘禹锡初任太子校书，迁淮南记室参军，后入节度使杜佑幕府，深得杜佑的信任与器重。杜佑入朝为相，刘禹锡亦迁监察御史。

唐顺宗即位（805）后，重用王叔文、王伾、刘禹锡、柳宗元等朝臣进行政治改革，史称“永贞革新”。但革新很快失败，唐顺宗被迫让位于太子李纯（即唐宪宗），王叔文被赐死，王伾被贬后病亡，刘禹锡、柳宗元等八人先被贬为偏远州地刺史，随即加贬为司马，这就是历史上著名的“二王八司马事件”。

此后约十年间刘禹锡在朗州（今湖南常德）担任司马。

元和九年十二月，刘禹锡与柳宗元等人一起奉召回京。

次年三月，刘禹锡创作了《元和十年自朗州承召至京戏赠看花诸君子》一诗，诗云：“紫陌红尘拂面来，无人不道看花回。玄都观里桃千树，尽是刘郎去后栽。”没想到这首诗得罪了权贵，刘禹锡再次遭贬。

长庆元年冬，被任为夔州（今重庆奉节县）刺史。

长庆四年夏，调任和州刺史。

宝历二年，刘禹锡奉调回洛阳。

乡思先春来：除日

白居易和刘禹锡都是中唐时期的杰出文士，都有遭遇贬谪的痛苦经历。共同的爱好、相似的境遇，让彼此心心相印，惺惺相惜。他们经常书信往来，相互安慰，相互扶持，此番相逢真是可遇不可求的天作之美。于是二人结伴同游扬州和楚州（今江苏淮安）。这一年的最后一天，刘禹锡创作了一首诗：

岁杪将发楚州呈乐天

楚泽雪初霁，楚城春欲归。

清淮变寒色，远树含清晖。

原野已多思，风霜潜减威。

与君同旅雁，北向刷毛衣。

白居易也回诗一首，抒发心中感想：

除日答梦得同发楚州

共作千里伴，俱为一郡回。

岁阴中路尽，乡思先春来。

山雪晚犹在，淮冰晴欲开。

归欤吟可作，休恋主人杯。

在一年即将过去、春天即将来临的时候，人在旅途，乡愁是越发浓烈了……

大和元年（827）唐文宗即位，“征拜秘书监，赐金紫”[①]，白居易重返长安。这年十月十日是文宗诞日“庆成节”，白居易被召入麟德殿内道场，在御前和安国寺僧义林、太清宫道士杨弘元[②]共同进行儒、释、道三教论衡，白居易是儒家一方的代表，同时也是整个辩论的主持人。在这次辩论中，“居易论难锋起，辞辨泉注”[③]，表现了出色的辩才和学识，令文宗大为赞叹。

大和二年二月，白居易授官刑部侍郎，封晋阳县男。

---

① 《旧唐书》卷166《白居易传》。

② 《旧唐书》卷166《白居易传》中载参与三教论衡的是“僧惟澄、道士赵常盈”，有误。

③ 《旧唐书》卷166《白居易传》。

十二月，又告百日病假。这年的岁除日，正值弟弟白行简[①]的大祥之期[②]，白居易在长安居所设奠筵，祭奠了弟弟。

白居易与白行简兄弟情深，祭奠时，白居易十分悲伤，他在《祭弟文》中写道：

> 哀缠手足，悲裂肝心。痛深痛深，孤苦孤苦！……呜呼！奠筵将彻，帏帐欲收。此生之间，岂有见日？未死之际，应无忘期。仰天一号，心骨破碎。

失弟之痛，痛彻心扉。

---

① 白行简（776—826），字知退，比白居易小四岁。《旧唐书》本传称其“文笔有兄风，辞赋尤称精密，文士皆师法之”。白行简于唐德宗贞元末考中进士，授秘书省校书郎。元和中，卢坦出任东川节度使，召他为掌书记。元和十二年，卢坦死后，白行简离开东川幕府，十三年到浔阳，与担任江州司马的哥哥团聚。元和十四年，白行简随兄前往忠州，第二年又随兄回到长安，授职左拾遗，累迁司门员外郎、主客郎中。宝历二年病逝，享年只有五十岁。

② 《仪礼·士虞礼》：“期而小祥，曰荐此常事；又期而大祥，曰荐此祥事。”又《礼记·间传》：“父母之丧，既虞卒哭，疏食水饮，不食菜果；期而小祥，食菜果；又期而大祥，有醯酱。”郑玄注：“小祥，祭名。祥，吉也。”贾公彦疏：“至十三月小祥……二十五月大祥祭。”

何处春深好：寒食

大和三年三月底，白居易百日假满，自此他不再担任刑部侍郎之职，改任太子宾客分司。四月，他离开长安，定居洛阳。在离开长安之前，他写有《和春深二十首》，其中两首分别写上巳和寒食：

和春深二十首（其十五）

何处春深好，春深上巳家。

兰亭席上酒，曲洛岸边花。

弄水游童棹，湔裾小妇车。

齐桡争渡处，一匹锦标斜。

和春深二十首（其十六）

何处春深好，春深寒食家。

玲珑镂鸡子，宛转彩球花。

碧草追游骑，红尘拜扫车。

秋千细腰女，摇曳逐风斜。

饮酒、赏花、弄水、竞渡、镂鸡子、荡秋千、踏青、扫墓，

（明）唐寅《水村行旅图》（局部）

这些节日活动，白居易是否参与其中，我们不得而知。但毫无疑问，他用自己的诗作为中唐时期的长安上巳、寒食节留下了一幅美丽而生动的风俗画卷。

回到洛阳的白居易，在履道里购买了一处面积约相当于现代9000平方米的大宅园，并且不断经营，叠石筑堰，挖湖修滩，种植竹木花草，建筑楼阁亭轩，使其成为风景优美的安居之所，“有池五六亩，竹数千竿，乔木数十株，台榭舟桥，具体而微，先生安焉”（《醉吟先生传》）。

还似今朝歌酒席：重阳

大和四年（830）的重阳节，在菊花盛开的园子里，白居易参加了一场重阳宴。酒桌上多是年轻人，自然免不了举杯畅饮，欢歌笑语。在这样的宴席上，已是满头白发的白居易突然觉得，自己坐在年轻人中间，就像那金黄菊丛中的一簇白菊花：

重阳席上赋白菊

满园花菊郁金黄，中有孤丛色似霜。

还似今朝歌酒席，白头翁入少年场。

老心多感又临春：除夜

唐人的岁除之夜，往往是个不眠之夜，人们习惯于在守岁中迎接新年的到来。大和四年的岁除夜，对于刚任河南尹的白居易而言也是个不眠之夜，但他自己说不睡觉并不是为了守岁，而是因为“老心多感又临春”，因为想到“火销灯尽天明后，便是平头六十人”（《除夜》，上同）。在白居易的眼里，人能活到六十岁是十分幸运的事情，他一定要在清醒中等待这一刻的到来。而当新年来临，他意识到自己真的活到了六十岁时，就禁不住满怀喜悦和激动地写下一首咏怀诗。

岁夜咏怀兼寄思黯

遍数故交亲，何人得六旬。
今年已入手，余事岂关身。
老自无多兴，春应不拣人。
陶窗与弘阁，风景一时新。

白居易将这首诗同时寄给牛僧孺[①]。他此时心情豁然开

① 牛僧孺生于唐代宗大历十四年，比白居易小7岁，是牛李党争中牛党的领袖。

朗，忍不住将这种心情与好友分享。“陶窗与弘阁，风景一时新”，一切显得如此美好可爱！

“丰年寒食节，美景洛阳城。”这是身在洛阳的白居易对大和六年（832）寒食节的总体评价，这个时候，寒食通清明已经被给予了七天假期，节假期间，他“东郊踏青草，南园攀紫荆”，又“听吟歌暂辍，看舞杯徐行”（《六年寒食洛下宴游赠冯李二少尹》，上同），还曾“宿醉头仍重，晨游眼乍明”。他在春游赏花宴乐醉酒中过得不亦乐乎，乃至发出“乡国真堪恋，光阴可合轻”（《洛桥寒食日作十韵》，上同）的人生感叹。

余衰喜入春：元日

大和七年（833）元日，白居易作《七年元日对酒五首》，诗中有些内容涉及他是如何过节的，如“庆吊经过懒，逢迎跪拜迟”两句表明他遇到别人时要拜年，而且是跪拜。“三杯蓝尾酒，一碟胶牙饧。除却崔常侍，无人共我争”四句表明这天白居易又和朋友同僚们开宴饮岁酒，他吃了胶牙饧，而且按照饮岁酒从小到大的习惯做法，饮了三杯蓝尾酒。不过，诗中更多的内容是表达白居易在又一个新年来临时的心理和情绪。

毫无疑问，这一时间，他依然强烈地感觉到了自己的衰老，但是他更意识到“年开第七秩，屈指几多人？”能够活到六十岁以上的人又能有多少啊！和自己同岁的崔群已经驾鹤西去，与自己同年进士及第的杜元颖也已经不在人间，而自己居然还好好地活着，该是多么幸运的事情啊！所以白居易不无兴奋地说“众老忧添岁，余衰喜入春”。而在写给刘禹锡的诗中，庆幸之情更溢于言辞之间：

七年元日对酒五首（其四）

今朝吴与洛，相忆一欣然。

梦得君知否，俱过本命年。

写完还不忘在诗后备注：“余与苏州刘郎中同壬子岁，今年六十二。”

既然每个人都向死而生，不可避免地走向共同的归宿，既然那么多亲朋好友都已经去世，既然自己还健康地活着，那还有什么选择的余地呢？“只有且欢娱”而已。这就是大和七年元日白居易真实的心路历程。

清光千里同：立秋、中秋

大和七年春天，白居易又请了很长时间的病假，四月因头风病免去了河南尹之职，再授太子宾客分司。七月初一日是立秋日，这天晚些时分，凉风吹拂，院里的竹叶飒飒作响，远处不知是谁在吹笙，悠扬的乐曲阵阵传来，在这样的夜晚，白居易啜着清茶，吟诵着诗篇，思念着千里之外的好友刘禹锡：

立秋夕有怀梦得

露簟荻竹清，风扇蒲葵轻。

一与故人别，再见新蝉鸣。

是夕凉飙起，闲境入幽情。

回灯见栖鹤，隔竹闻吹笙。

夜茶一两杓，秋吟三数声。

所思渺千里，云外长洲城。

一个半月之后的八月十五日夜晚，白居易到龙门石楼上望月，想起了这位好友。他又作诗表达深情：

（清）董邦达《绘御笔中秋帖子诗》

答梦得八月十五日夜玩月见寄

南国碧云客，东京白首翁。
松江初有月，伊水正无风。
远思两乡断，清光千里同。
不知娃馆上，何似石楼中。

西上少知音：寒食

大和八年（834）的寒食节，最值得白居易记忆的，是和皇甫曙[①]一起分享玩赏鲜花的欢乐，以及为落榜的常秀才饯行。

皇甫曙与刘禹锡、白居易等人友善，而且和白居易结为亲家。白居易自称与“安定皇甫朗之为酒友”。寒食节，面对满园春色，从朵朵半闭半开花的花蒂到花瓣，从翩翩飞舞嬉戏花间的蝴蝶，到停在枝头叽叽喳喳鸣叫的黄莺，白居易都会仔细观察，潜心赏玩。当然，在这春光烂漫时节，白居易是不会放弃饮酒的，而在饮酒时，他想起了“酒

① 皇甫曙（？—841），字朗之，郡望安定（今甘肃泾川）人，籍贯不详。元和十一年登进士第。历任侍御史、淮南节度使行军司马、泽州刺史等职。约于开成二年任河南少尹，五年转绛州刺史。

友”皇甫曙。

玩半开花赠皇甫郎中八年寒食日池东小楼上作

勿讶春来晚，无嫌花发迟。

人怜全盛日，我爱半开时。

紫蜡粘为蒂，红苏点作蕤。

成都新夹缬，梁汉碎胭脂。

树杪真珠颗，墙头小女儿。

浅深妆驳落，高下火参差。

蝶戏争香朵，莺啼选稳枝。

好教郎作伴，合共酒相随。

醉玩无胜此，狂嘲更让谁。

犹残少年兴，不似老人诗。

西日凭轻照，东风莫杀吹。

明朝应烂漫，后夜更离披。

林下遥相忆，尊前暗有期。

衔杯嚼蕊思，唯我与君知。

常秀才不知何许人，他在当年的科举考试中不幸名落孙山。寒食节距离发榜时间不久，常秀才此刻心情之黯淡可想而知。他就要离开洛阳了，白居易设宴饯行，席上劝酒浇愁就成了这天的重要活动。

送常秀才下第东归

东归多旅恨，西上少知音。
寒食看花眼，春风落日心。
百忧当二月，一醉直千金。
到处公卿席，无辞酒盏深。

请暂时忘记心中的忧愁吧，在这春风涤荡、鲜花盛开的时节，来他个一醉方休！

月好共传唯此夜：中秋

这年八月十五夜，一轮明月高悬空中，白居易和去年一样有玩月之举，而且是在嵩山洛水之间和朋友们一边饮酒，一边共赏明月。

八月十五日夜同诸客玩月

月好共传唯此夜，境闲皆道是东都。

嵩山表里千重雪，洛水高低两颗珠。
清景难逢宜爱惜，白头相劝强欢娱。
诚知亦有来年会，保得晴明强健无。

白居易珍惜眼前的好时光，也尽情享受着好时光，因为在他看来，固然明年大家还会共聚赏月，可又有谁能够保证明年八月十五的天气像今天一样晴朗，月色像今夜这般美好？又有谁能保证明年八月十五的自己一定会像今夜这样无病无殃呢？事实上不久之后，白居易真的生病了，严重的疮疡让他连酒也不能喝了。

病愈会旧友：中和节

大和九年（835）二月初一，白居易的疮疾已经痊愈，加上又是他斋戒的最后一天，心情很好，于是作诗：

二月一日作赠韦七庶子

园杏红萼坼，庭兰紫芽出。
不觉春已深，今朝二月一。
去冬病疮痏，将养遵医术。

今春入道场，清净依僧律。
尝闻圣贤语，所慎斋与疾。
遂使爱酒人，停杯一百日。
明朝二月二，疾平斋复毕。
应须挈一壶，寻花觅韦七。

满园的杏花已经绽放，兰花紫色的小芽也已经露出地面。今天是二月初一，不知不觉间春色已经这样浓了。既然“疾平斋复毕”，那么明天二月初二就应该找上老朋友韦缜（？—约838）[①] 一起赏花饮酒啊。

二月初一是中和节。中和节是唐德宗主导建构的一个节日。贞元四年，唐德宗针对“前代三九（即上巳节和重阳节）皆有公会，而上巳与寒食往往同时，来年合是三月二日寒食，乃春无公会矣”的情况，提出想在二月份“创置一节”，于是宰相李泌马上拿出方案：“二月一日，正是桃李开时，请以二月一日为中和节。”同时他又设计了适合官员、百姓参与的若干活动，包括：“赐大臣方镇勋戚尺，谓之裁

① 唐京兆杜陵人。德宗贞元中进士。宪宗元和十四年，官工部郎中。文宗大和末，以太子庶子分司东都，迁太子宾客分司，再除秘书监。开成元年，授工部尚书。再授太子宾客。卒年八十余。

（南宋）马远《西园雅集图》（局部）

度。令人家以青囊盛百谷果实相问遗，谓之献生子。酝酒，谓之宜春酒。村闾祭勾芒神，祈谷，百僚进农书，以示务本。”（李繁《邺侯家传》，上同）对于李泌的设计，唐德宗十分高兴，要求立刻执行。

由于皇帝的支持，中和节盛行一时。唐德宗常在节日里赐给大臣戚里尺子和春衣，并宴请群臣，同时赐给大臣们一定数量的专门经费，用于“寻胜宴会”。[①] 臣僚们则在这天向皇帝进献农书，以求重农务本。贞元八年宏词科曾以《中和节诏赐公卿尺》作为科举考试的试题，贞元十九年也以《中和节百辟献农书赋》（以嘉节初吉修是农政为韵）为题选拔人才，反映了中和节的重要地位。白居易曾在中和节得到过“红牙银寸尺各一”的赏赐，他撰写了《中和日谢恩赐尺状》，表达自己的感谢之情与报效之心。

轻衫细马春年少：二月二、上巳

中和节的次日二月初二，现在是龙抬头节，但在唐代还没有龙抬头的说法。不过，当时的确慢慢发展出一定的习

---

① （宋）曾慥编：《类说》，卷2，上海古籍出版社，1993年版，第873—928页。

俗活动。根据李淖《秦中岁时记》记载，这天“（长安）曲江采菜，士民游观极盛”。韩鄂《岁华纪丽》也记载当时有“迎富”的做法，人们向野外采集一些蓬叶，回来在门前祭祀神灵。开成元年白居易作诗《二月二日》，也能反映当时这个节日的发展：

二月二日

二月二日新雨晴，草芽菜甲一时生。
轻衫细马春年少，十字津头一字行。

雨后初晴的日子，春光明媚，人们纷纷走到户外尽情呼吸着早春的气息，白居易也不例外。

三月三日

画堂三月初三日，絮扑窗纱燕拂檐。
莲子数杯尝冷酒，柘枝一曲试春衫。
阶临池面胜看镜，户映花丛当下帘。
指点楼南玩新月，玉钩素手两纤纤。

一个月后的三月三日，春意已经浓厚得化不开了，燕子飞来飞去，鲜花到处绽放，柳絮飘飘扬扬。大好春光里，白居易一边喝酒，一边欣赏着从西域传入中原的柘枝舞，跳舞的姑娘身穿新做的春衫，手捻新采的花枝，身姿曼妙灵动，随着音律翩翩起舞，白居易看得似乎入了迷，连杯中美酒都忘记了。等回过神时，酒已经凉了。到了晚上，一弯新月升上天空，他又和使女一起登楼欣赏……

群贤胜会稽：寒食、上巳

寒食节，白居易的同年郑俞、李景俭（即李六郎中）前来拜访，好友相见，自然又少不了喝酒赋诗，这天三人一直喝到日落西山，杯盘狼藉。

随后到来的清明日，白居易和一名姓韩的道士一起登上了老君阁。在老君阁上，白居易举目四望，只见“风光烟火清明日，歌哭悲欢城市间”，踏青游玩的人纷纷攘攘，“中桥车马长无已，下渡舟航亦不闲”，扫墓上坟的人也络绎不绝，眼见此情此景的白居易又是一番感慨……

清明日登老君阁望洛城，赠韩道士

风光烟火清明日，歌哭悲欢城市间。

何事不随东洛水，谁家又葬北邙山。
中桥车马长无已，下渡舟航亦不闲。
冢墓累累人扰扰，辽东怅望鹤飞还。

光阴如水，转瞬又是开成二年（837）的寒食节和上巳节。从当年所作《寒食》诗可以看出，此时的白居易安心而又快乐，他满意于当前的境况。“人老何所乐，乐在归乡国”，经过几十年的风风雨雨，现在自己在洛阳城东拥有一处不错的寓所，这里风景秀美，又多亲戚故旧。至于日常生活，“有官供禄俸，无事劳心力”，六十六岁担任太子少傅分司的白居易，早已不再是那个从浮梁背米接济家用的落魄青年。不过，此刻的他也并非没有心思，“但恐优稳多，微躬销不得”。他担心自己没有更多的时间来享受这优容的生活。正是在这种强烈的生命危机意识之中，寒食节他“出去恣欢游”，上巳节他祓禊于洛水之滨。

关于这次祓禊，白居易《三月三日祓禊洛滨》诗序中有明确说明：

开成二年三月三日，河南尹李待价以人和岁稔，将禊于洛滨。前一日，启留守裴令公（即裴度）。令公明日召太子少傅白居易，太子宾客萧籍、李仍叔、刘禹锡，前中书舍人郑居中，国子司业裴恽，河南少尹李道枢，仓部郎中崔晋，司封员外郎张可绩，驾部员外郎卢言，虞部员外郎苗愔，和州刺史裴俦，淄州刺史裴洽，检校礼部员外郎杨鲁士，四门博士谈弘谟等一十五人，合宴于舟中。

白居易一行乘船“由斗亭，历魏堤，抵津桥，登临溯沿，自晨及暮，簪组交映，歌笑间发，前水嬉而后妓乐，左笔砚而右壶觞，望之若仙，观者如堵”。真是“尽风光之赏，极游泛之娱。美景良辰，赏心乐事，尽得于今日矣”。对于这一盛景，在座的各位纷纷赋诗唱和，白居易也“举酒抽毫，奉十二韵以献”（《三月三日祓禊洛滨》，上同）。其诗云：

三月三日祓禊洛滨

三月草萋萋，黄莺歇又啼。

柳桥晴有絮，沙路润无泥。

禊事修初半，游人到欲齐。

金钿耀桃李，丝管骇凫鹥。

转岸回船尾，临流簇马蹄。

闹翻扬子渡，蹋破魏王堤。

妓接谢公宴，诗陪荀令题。

舟同李膺泛，醴为穆生携。

水引春心荡，花牵醉眼迷。

尘街从鼓动，烟树任鸦栖。

舞急红腰软，歌迟翠黛低。

夜归何用烛，新月凤楼西。

这次聚会活动，被刘禹锡认为比王羲之等人的兰亭集会更胜一筹，所谓“洛下今修禊，群贤胜会稽”（刘禹锡《三月三日与乐天及河南李尹奉陪裴令公泛洛禊饮各赋十二韵》）。坦率地说，这次聚会声色秾艳，充满了世俗享乐的意味，且不说已经失去了兰亭集会时魏晋士人于“崇山峻岭，茂林修竹”“清流激湍”“无丝竹管弦之盛”（王羲之《兰亭集序》）之中，一觞一咏以畅叙幽情，仰观宇宙之大、俯察品类之盛即足以游目骋怀、极视听之娱的精神，也和初唐士人于“陶暮春，席幽林，觞曲水”，论史谈玄，递袭歌咏，赋诗言志中“齐万品，溢九围”（宋之问《三月三日奉使凉宫雨中禊饮序》，上同）的追求大异其趣了。而这反映的不仅是中唐时期社会风气的变换，也揭示了退居洛阳之后白居易生活态度的巨大变迁。

退居洛阳后，白居易虽然仍有“君位日宠重，我年日摧颓。无因风月下，一举平生杯”（《立秋夕凉风忽至炎暑稍消即事咏怀寄汴州节度使李二十尚书》）的感慨，但他留心佛学，生活日益趋于闲适享乐，用他自己的话说就是：“性嗜酒，耽琴淫诗，凡酒徒、琴侣、诗客多与之游。游之外，栖心释氏，通学小、中、大乘法……洛城内外，六七十里间，凡观寺丘墅有泉石花竹者，靡不游；人家有美酒鸣琴者，靡不过；有图书歌舞者，靡不观。”（《醉吟先生传》）他留恋山水诗酒，放情自娱。

情因老更慈：小岁日

开成二年腊月二十二日是小岁日，这天令白居易格外高兴的是自己的外孙女满月了。白居易四十五岁生女阿罗，六十六岁时阿罗生育一女[1]。白居易掩饰不住地激动高兴。他在诗中写道：

小岁日喜谈氏外孙女孩满月

今旦夫妻喜，他人岂得知。
自嗟生女晚，敢讶见孙迟。
物以稀为贵，情因老更慈。
新年逢吉日，满月乞名时。
桂燎熏花果，兰汤洗玉肌。
怀中有可抱，何必是男儿。

这天，白居易给外孙女起了个好听的名字叫引珠，还为引珠举行了洗儿之礼。

小岁日后没几天便是岁除日，这天天气阴暗，好像要下雪的样子。“衰翁岁除夜，对酒思悠然。”（《岁除夜对酒》）一年终了时候，喝了些酒的白居易禁不住浮想联翩，他回想起自己的经历，而定居洛阳倏忽已经十年时光。第二天是新年，白居易去拜访了老友刘禹锡，刘禹锡则设宴招待。白居易有诗云：

---

① 阿罗于大和九年冬嫁与谈弘谟。

（明）谢环《香山九老图》（局部）

新岁赠梦得

暮齿忽将及，同心私自怜。

渐衰宜减食，已喜更加年。

紫绶行联袂，篮舆出比肩。

与君同甲子，岁酒合谁先。

新年相见，宴席之上少不得要饮岁酒。只是刘、白二人同岁，白居易就提出了“与君同甲子，岁酒合谁先”的问题，围绕着谁先谁后，二人进行了一番推让，最终还是白居易年龄小一点，依俗先喝。后来刘禹锡有诗云：

元日乐天见过因举酒为贺

渐入有年数，喜逢新岁来。

震方天籁动，寅位帝车回。

门巷扫残雪，林园惊早梅。

与君同甲子，寿酒让先杯。

开成三年的寒食日，白居易有《寒食日寄杨东川》诗，杨东川即杨汝士，是白居易的妻兄，时任剑南东川节度使。诗中，白居易想象着妻兄可能拥有的节日生活：

寒食日寄杨东川

不知杨六逢寒食，作底欢娱过此辰。
兜率寺高宜望月，嘉陵江近好游春。
蛮旗似火行随马，蜀妓如花坐绕身。
不使黔娄夫妇看，夸张富贵向何人。

但他对自己如何过节只字未提。不过在《奉和裴令公三月上巳日游太原龙泉忆去岁禊洛见示之作》中，他提到了自己过上巳的情况，“今岁暮春上巳，独立香山下头”，原来白居易一个人去香山寺游春了。只是“风光闲寂寂，旌旆远悠悠”，一人独游怎么也比不得众人同游其乐融融！他不由得怀念起“去岁暮春上巳，共泛洛水中流”的热闹场面。

这年的重阳节，白居易既没有出去游玩，也没有饮酒，此时的他“正持斋坐道场”。因为持斋坐道场，便不能饮酒，也不能到处游玩。其实此前的好几个重阳节以及以后的重阳节，白居易都是在持斋坐道场中度过的，大约只有一年因是闰九月可以不禁饮酒，这年的白居易才又喝了几杯，并作诗云：

闰九月九日独饮

黄花丛畔绿尊前，犹有些些旧管弦。
偶遇闰秋重九日，东篱独酌一陶然。
自从九月持斋戒，不醉重阳十五年。[①]

开成三年（838）的最后一天，红红的庭燎火光中，浓浓的酒香中，一家人团聚在一起，在这辞旧迎新的时候，大家纷纷给白居易敬酒，祝他健康长寿：

三年除夜

晰晰燎火光，氲氲腊酒香。
嗤嗤童稚戏，迢迢岁夜长。
堂上书帐前，长幼合成行。

---

① 朱金城在《笺校》中指出这一年为会昌元年。白居易《闰九月九日独饮》诗中有“自从九月持斋戒，不醉重阳十五年”两句。朱金城笺证云：作于会昌元年，七十岁，洛阳。何义门云：“自从九月持斋戒”二句，倒找出。但若此诗作于会昌元年，倒推15年为826年，即宝历二年，按白居易的说法，此后的重阳节均在斋戒中度过，就不当有大和四年的《重阳席上赋白菊》（中有“还似今朝歌酒席，白头翁入少年场”句），亦不当有大和六年的《九日代罗、樊二妓招舒著作（齐梁格）》（中有“罗敷敛双袂，樊姬献一杯”句）。故谓作于会昌元年可能有误。当然，也有可能是白居易诗中说的“十五年”并非确数。

以我年最长，次第来称觞。

七十期渐近，万缘心已忘。

不唯少欢乐，兼亦无悲伤。

素屏应居士，青衣侍孟光。

夫妻老相对，各坐一绳床。

后来，白居易和夫人杨氏回到卧室，“夫妻老相对，各坐一绳床”，他们以这种方式等待着新年的来临。

枕上惊新岁：元日

一年之后，白居易“病入新正”，但是白居易坚持认为身体的不适与疾病无关，只是因为年纪大了，所谓“是身老所逼，非意病相干”。病中的白居易信心十足地迎接新年的到来，憧憬着新年的美好时光：

病入新正

枕上惊新岁，花前念旧欢。

是身老所逼，非意病相干。

风月情犹在，杯觞兴渐阑。

便休心未伏，更试一春看。

会昌元年的寒食节，对于白居易而言是一段难忘的美好时光。“一月三回寒食会，春光应不负今年。”节日期间，他和时任东都留守的王起频频聚会。“鸡球饧粥屡开筵，谈笑讴吟间管弦。”（《会昌元年春五绝句·赠举之仆射》，上同）宴席上的歌曲舞蹈、鸡球饧粥、谈笑风生让白居易觉得这样才没有辜负了春天！

“人生七十古来稀”（杜甫《曲江二首》），当会昌二年的元日来到，白居易已是历经五朝并以刑部侍郎致仕的七十一岁老人了。面对愈来愈近的死神，白居易反倒没有了对它的恐惧，他创作《喜入新年自咏（时年七十一）》诗，用一个“喜”字来概括自己有幸再次进入新年的心情。这个“喜”主要来源于同其他人的比较：

喜入新年自咏时年七十一

白须如雪五朝臣，又值新正第七旬。
老过占他蓝尾酒，病余收得到头身。
销磨岁月成高位，比类时流是幸人。
大历年中骑竹马，几人得见会昌春。

与自己同年甚至比自己年少的人都纷纷离开人世，多病多灾的自己却依然活着，这怎么不令人知足欣喜呢？

何由得见洛阳春：立春、人日

会昌六年正月初七，白居易作了他平生的最后一首节日诗：

六年立春日人日作

二日立春人七日，盘蔬饼饵逐时新。
年方吉郑犹为少，家比刘韩未是贫。
乡园节岁应堪重，亲故欢游莫厌频。
试作循潮封眼想，何由得见洛阳春？

春夏秋冬，四时成岁，中国人最钟爱的季节是春。甲骨文的“春”像是一幅画，太阳冉冉升起，小草从地下探出头，满含着生命的激情努力生长，这就是古人心目中的春天。立春是二十四节气之首，标志着春季的开端，也标志着五行之气又一个轮回的起始。

中国人历来重视开端的象征意义，因此，立春不仅是一个节气，更兼具节日的身份。早在《礼记·月令》中就已记载立春日举行迎春礼，天子要到东郊迎春。至迟从东汉时期开始，自都城到地方都会举行盛大的迎春礼。迎春礼既具有标志冬春转换的现实意义，也具有通过人事的有意安排，促成时气由冬向春顺利转换的象征价值。此外，立春日在农业生产方面还具有重要意义，因此，迎春礼中往往设置土牛、耕人，目的在于示耕劝农，不误农时。唐代依然重视这一仪式，王起、谢观等人都有《东郊迎春赋》，描写立春日东郊迎春的盛大场面，揭示其重要意义，所谓："和气熙熙，盛容济济，必苍龙之整驾，当青鸟之司启，握金镜而明王道，调玉烛而昭国体，莫不在迎春之盛礼。"除了迎春，唐朝立春日还有贴宜春帖，剪彩幡、春花，戴春燕、春花，吃春盘等习俗，冷朝阳《立春》诗云"土牛呈岁稔，彩燕表年春"，说的就是戴春燕。杜甫《立春》诗云："春日春盘细生菜，忽忆两京梅发时。"反映了立春日的节令饮食。在万物即将旺盛生长的时节吃春盘、生菜，体现出鲜明的顺天应时精神。

人日在正月初七。以初一到初十的阴晴寒暖占卜一年中人、畜、谷是否兴旺，是全国范围内较为流行的做法，大约在汉代已经出现。托名东方朔撰写的《占书》中就说："岁后八日，一日鸡，二日犬，三日豕，四日羊，五日牛，六日马，七日人，八日谷；其日晴，所主之物育，阴则灾。”但人日成为具有较多习俗活动的日子，是在魏晋南北朝时期，其主要活动涉及饮食和服饰。用七种菜做的羹汤是人日的节令饮食，《荆楚岁时记》载：“以七种菜为羹。”当时的人们还会用彩绸或金、银箔剪成人形，贴在屏风或帽子上，也有的用作发饰，叫作“人胜”，作为礼物馈赠，取“人入新年，形象更新”之意。到了唐代，人日习俗更加丰富，明代的徐延寿生动描摹了一个女子剪彩的情状：

人日剪彩

闺妇持刀坐，自怜裁剪新。

叶催情缀色，花寄手成春。

帖燕留妆户，黏鸡待饷人。

擎来问夫婿，何处不如真。

剪彩之外，唐代人日还有宴饮、登高、食煎饼的习俗，甚至还有吃赤小豆、偷灯求孕的做法。据韩鄂《四时纂要》记载：“早起，男吞赤小豆一七粒，女吞二七粒，一年不病”，“凡人无子者，夫妇同于富人家盗灯盏，安于床下，则当月有孕矣”等等。

从白居易《六年立春日人日作》看，会昌六年正月初二是立春日，从立春日到人日，他频频参加朋友聚会。大约是有人怕他年事已高，身体不堪宴会之繁，遂劝他稍稍收敛，结果引发了他的一番高论：与吉傅（吉皎）、郑谘议（郑据）相比，自己的年龄还不是最大，家境也不错，能够负担起宴会的花费，更何况人们本来就应该看重这故乡的佳节良辰。再想一想牛僧孺、杨嗣复、李宗闵等人，他们也都曾经留恋于洛阳美景，可如今，他们贬循州的贬循州，贬潮州的贬潮州，流放封州的流放封州，想享受这洛阳的春光又如何可得？既然如此，又怎能让良辰虚度！这是白居易在会昌六年正月的内心告白，也是他最后一段人生的生活原则。

同年八月，白居易于洛阳履道里家中去世，享年七十五岁。

下篇

影响白居易节日生活的要素

节日生活是民俗主体把自己的生命投入节日民俗模式而形成的活动过程，是对节日民俗的现实展示。白居易在其七十五年的人生生涯中，大约留下了120多篇节日诗文。尽管120多篇的数目不可谓不多，但显然白居易并没有将自己有生之年的所有节日生活都以诗文形式记录下来。而诗歌这种文学体裁短小精悍、言志言情，对于节日活动的描写难以铺陈，因此那些入诗的节日活动展现得并不完整。尽管如此，这些诗文确实在很大程度上反映了白居易的节日活动，尤其是反映了他在特定节日氛围中的种种感受和心情。

在这里，我们当然可以对白居易的民俗生活进行概括，指出他在不同年份的同一个节日中具有稳定性的活动和情感，比如可以说他在元日里会举行家宴，与朋友宴饮，吃春盘和胶牙饧，会思念朋友和家乡，会感叹时光匆匆和自己的衰老；在三月三会参加宴会，会出游、赏花，等等。不过，这样做会忽略另外一个同样重要的事实：白居易在不同年份的同一个节日中有着并不完全相同的节日活动和节日情感。那么，这一现象是如何产生的呢？这是需要我们解答的问题。要解答这一问题，需要将节俗、时代风尚、其他习俗规则、情境以及个体的生命、经历、身份与选择等予以综合考虑。

第十章
古节遗风：诗俗风韵映千年

节俗是指那些在特定时日里反复发生的过程中沉淀下来具有相对稳定性的事物。由于在事实上所具有的规范性和引导性，它因此成为一种能够约束和指引人们节日行为的规则。白居易是在很大程度上受制于节俗规则而形成自己的节日生活的。当然，如果活动和情感完全不受制于节俗规则，白居易在那段节日占据的时间里的生活就根本不能称作节日生活。

白居易受制于节俗规则，一方面体现在他所过的节日都是当时社会上“活着”的节日；另一方面体现在他在特定的节日里遵循着业已存在的节俗规则进行活动。

白居易诗文中涉及的节日有元日、人日、立春、上元、正月晦、中和节、上巳、寒食、清明、端午、七夕、八月

十五、重阳节、冬至、腊日、小岁日、岁除、社日、诞节等约二十个。结合白居易对这些日子的称呼以及他在这些日子中的具体所为所思来看，在白居易眼里，上述节日确实是非常时日，或者换句话说，白居易确实是将这些日子作为节日来看待的。

再就他从事的活动而言，许多活动明显是实践节俗规则的结果。比如元日吃胶牙饧、春盘是早已有之的习俗惯制。《荆楚岁时记》中记载：

> 长幼悉正衣冠，以次拜贺。进椒柏酒，饮桃汤。进屠苏酒、胶牙饧，下五辛盘。

白居易也有吃胶牙饧和春盘之举。比如他在《岁日家宴戏示弟侄等兼呈张侍御二十八丈殷判官二十三兄》中就提到“岁盏后推蓝尾酒，春盘先劝胶牙饧”[①]。《七年元日对酒五首》其中之一也提到“三杯蓝尾酒，一碟胶牙饧”[②]。再如人日吃蔬菜饼饵，三月三水边祓禊，寒食禁火、吃断

① 《笺校》，第1651页。
② 《笺校》，第2099页。

粥，五月五日竞渡，重阳出游登高、赏菊饮酒，除夕守岁，等等，也都是早已存在的习俗惯制。[①]而白居易有诗《六年立春日人日作》，诗中有“二日立春人七日，盘蔬饼饵逐时新”句，可见盘蔬饼饵等节令食品是他会昌六年正月初七这天饮食的重要内容。又开成二年三月三日，白居易曾与朋友祓禊于洛水之滨，并撰有《三月三日祓禊洛滨》，对这次活动做了较为详细的描写。[②]元和五年和元和九年寒食节，白居易都没有用火，他的《寒食夜》中有“无月无灯寒食夜”句，《寒食夜有怀》中有“可怜时节堪相忆，何况无灯各早眠”句，均可为证。[③]元和七年重阳节，他与兄弟们“起登西原望，怀抱同一豁。移座就菊丛，糕酒前罗列”（《九日登西原宴望》），登高赏菊，饮酒吃糕。元和十四年重阳节，他不仅登高巴子台，而且“蕃草席铺枫叶岸，竹枝歌送菊花杯”（《九日题涂溪》），在涂溪边席地而坐，又是唱歌，又是饮酒，潇洒而快活。[④]所有这些无

---

① 见（南朝）宗懔著、谭麟译注《荆楚岁时记译注》，湖北人民出版社，1985年版，第25—26、57、71、85、122页。

② 《笺校》，第2298—2299页。关于这次活动，亦见于本书第三章第三节。

③ 《笺校》，第803、858页。

④ 《笺校》，第325、1169页。

不表明，习俗是影响白居易节日生活的重要因素，白居易是在对先己业已形成的节俗规则或多或少地遵循和实践中度过那一段称作节日的时间的。

第十一章

诗酒趁年华：中唐风尚与节庆

除了节俗——往往是历史地形成的并具有超越时间特性的习俗——之外，时尚也在白居易的节日生活中打下了烙印。而作诗、游宴、八月十五赏月、大过中和节等都是颇值得书写的时代风尚。

大唐是一个诗的国度。诗歌是当时最普及最受欢迎的文学样式，唐人用诗抒情，用诗言志，用诗纪事，用诗结交朋友，用诗博取声名，用诗干禄仕进，诗歌创作是唐人的风尚，是唐人日常生活的重要组成部分。唐人固然不只是在节日里才创作诗歌，但由于节日的特殊性质，它无疑成为诗歌创作的高潮时间，结果便是出现了大量的节俗诗[①]。大

---

① 程蔷、董乃斌先生将节俗诗界定为因民俗节日而作（大多即作于节日当天）或反映此类节日风俗的诗篇。见《唐帝国的精神文明》，中国社会科学出版社，1996年版，第52页。

量节俗诗的出现，则反映出节日作诗正是唐代的一种时尚。白居易生活的时期，这种时尚更加风靡。唐德宗李适就是这一时尚的代表人物。《全唐诗》卷四中收入他的作品共15首，其中竟然有13首与节日相关，占全部作品的80% 以上。陈寅恪先生曾经说过：

> 贞元之时，朝廷政治方面，则以藩镇暂能维持均势，德宗方以文治粉饰其苟安之局。民间社会方面，则久经乱离，略得一喘息之会，故亦趋于嬉娱游乐。因此上下相应，成为一种崇尚文词、矜诩风流之风气。①

这当然可以被视为上述时尚更加风靡的历史背景。生活于这一时期的白居易正是这种时尚的积极参与者。白居易120多篇节日作品，诗歌大约有110首，且基本上创作于节日当天。作诗以描述节日风俗、表达节日情怀或者记录自己的节日活动，已成为他节日生活的重要组成部分。

除作诗之外，游宴也堪称有唐一代尤其是中唐时期的风尚。《唐国史补》中就有“长安风俗，自贞元侈于游宴”

---

① 陈寅恪：《陈寅恪文集之六：元白诗笺证稿》，上海古籍出版社，1978年版，第87页。

（南宋）赵伯驹《王母宴瑶池图》（局部）

的记载。[1]当时，皇帝不仅频频赐宴群臣，而且赐给大臣宴会钱，鼓励他们在户外举行游宴活动。[2]关于当时的游宴，明人胡震亨在《唐音癸签》中曾经有如下概述：

唐时风习豪奢，如上元山棚，诞节舞马，赐酺纵观，万众同乐，更民间爱重节序，好修故事，彩缕达于王公，粔籹不废俚贱，文人纪赏年华，概入歌咏。又其待臣下法禁颇宽，恩礼从厚。凡曹司休假，例得寻胜地燕乐，谓之旬假，每月有之。遇逢诸节，尤以晦日、上巳、重阳为重。后改晦日，立二月朔为中和节，并称三大节。所游地推曲江最胜。本秦之隑洲，开元中疏凿，开成、太和间更加淘治。南有紫云楼、芙蓉苑，西有杏园、慈恩寺。环池烟水明媚，中有彩舟；夹岸柳阴四合，入夏则红蕖弥望。凡此三节，百官游宴，多是长安、万年两县有司供设，或径赐金钱给费，选妓携觞，幄幕云合，

① （唐）李肇撰、曹中孚校点：《唐国史补》卷下，载上海古籍出版社编，丁如明、李宗为、李学颖等校点：《唐五代笔记小说大观》（全二册），上海古籍出版社，2000年版，第197页。

② 比如贞元八年诏：在京宗室，每年三节，宜集百官列宴会。若大选集，赐钱一百千。非大选集，钱三分减一。又诏：三节宴集，先已赐诸衙将军钱，其率府已下，可赐钱百千。见《唐会要》卷29。

绮罗杂沓，车马骈阗，飘香堕翠，盈满于路。[1]

正是在这种背景下，游宴也成为白居易节日生活的重要内容。三月三、寒食、清明、重阳节等多个节日，都是白居易游宴的重要时间。

再如八月十五赏月，也是当时风尚。《全唐诗》中收入数目不少的八月十五玩月诗，可为明证。其实，早在宋代，朱弁就在《曲洧旧闻》中指出了这一事实：

中秋玩月，不知起何时。考古人赋诗，则始于杜子美，而戎昱《登楼望月》、冷朝阳《与空上人宿华严寺对月》、陈羽《鉴湖望月》、张南史《和崔中丞望月》、武元衡《锦楼望月》，皆在中秋。则自杜子美以后，班班形于篇什。前乎杜子，想已然也，第以赋咏不著见于世耳。江左如梁元帝《江上望月》、朱超《舟中望月》、庾肩吾《望月》，而其子信亦有《舟中望月》、唐太宗《辽城望月》，虽各有诗，而皆非为中秋宴赏而作也。然则玩月盛于中秋，其在开元以后乎？

① （明）胡震亨：《唐音癸签》卷27，上海古籍出版社，1981年版，第284—285页。

白居易显然也是八月十五玩月这一风尚的积极参与者。他作有7篇有关八月十五的诗，从中可见，无论是在天子脚下还是处江湖之远，是退居故乡还是任职他乡，白居易都将赏月视为八月十五日生活的重要内容。

另外，中和节是唐德宗朝的新创，大过中和节也是中唐时期的风尚。这种风尚显然也在白居易的节日生活中打下了印迹，他不仅写过一篇热情洋溢的《中和节颂（并序）》，赞颂中和节的设置与做法，而且也在节日里受到过红牙银寸尺等节物的赏赐。[①]

中唐时期有关节日的时尚当然不止于作诗、游宴、八月十五赏月、大过中和节等，但是仅仅通过对它们的分析，已能清晰见得时尚也是白居易节日生活的影响因素之一。

① （唐）白居易：《中和日谢恩赐尺状》，载《笺校》，第3384页。

第十二章

逝水惊鸿：诗行中的生命喟叹

有生者必有死，有始者必有终，自然之道也。[①]

人人都向死而生，有着属于自己的寿限。这是每个正常人都可以从他人奔赴死亡的现象中得出的结论。不过，由于个人经历、知识水平等的不同，不同的人会有不同的生命意识，正如美国存在主义哲学家蒂利希所说，“对死亡的焦虑随着个性化的增强而增强”。[②]白居易显然具有十分强烈的生命意识，他不止一次地用“暮齿忽将及，同心私自怜”（《新岁赠梦得》）、“良时光景长虚掷，壮岁风情已暗销”（《三

① 汪荣宝撰、陈仲夫点校：《法言义疏》，中华书局，1987年版，第521页。

② ［美］蒂利希：《存在的勇气》，成显聪、王作虹译，贵州人民出版社，1988年版，第39—40页。

月三日怀微之》)、“鬓发茎茎白，光阴寸寸流”(《中书连直寒食不归因怀元九》)、“出去恣欢游，归来聊燕息。有官供禄俸，无事劳心力。但恐优稳多，微躬销不得”(《寒食》)等诗句来表达自己因为意识到时光易逝、生命短暂、日渐衰老而产生的无限悲哀和深深忧虑；也不止一次地用“众老忧添岁，余衰喜入春。年开第七秩，屈指几多人”(《七年元日对酒五首》)、“白须如雪五朝臣，又值新正第七旬。老过占他蓝尾酒，病余收得到头身。销磨岁月成高位，比类时流是幸人。大历年中骑竹马，几人得见会昌春”(《喜入新年自咏(时年七十一)》) 等诗歌，来表达生命虽然短暂而自己犹能在花甲古稀之年幸存于世的欣喜和满足。强烈的生命意识深深地影响着白居易的节日情感和节日活动。因为节日，尤其标志着新年与旧年转换的节日，是时间的节点，也因而总是个体生命的节点。节日更多地勾起个体对于时光飞逝的惊讶，对于青春流移的叹息，对于死亡渐逼渐近的恐惧以及对于生命存在的恋念之情，个体的生命意识也在节日中变得更加张扬。实际上，我们上面列举的诗句都是白居易于节日期间创作的，他甚至还写过“不因时节日，岂觉此身羸衰”(《七年元日对酒五首》)[①] 的诗句。

① 《笺校》，第2099—2100页。

（南宋）马远《山径春行图》

强烈的生命意识让白居易在节日里有了更多的悲哀与忧虑、欣喜与满足，而无论悲哀与忧虑，还是欣喜与满足，最后往往都导致了及时行乐的思想观念和节日生活。在节日里，他谈情观妓，交游唱和，宴饮歌舞，追求着现世的享乐。

六年寒食洛下宴游赠冯李二少尹

丰年寒食节，美景洛阳城。
三尹皆强健，七日尽晴明。
东郊踏青草，南园攀紫荆。
风折海榴艳，露坠木兰英。
假开春未老，宴合日屡倾。
珠翠混花影，管弦藏水声。
佳会不易得，良辰亦难并。
听吟歌暂辍，看舞杯徐行。
米价贱如土，酒味浓于饧。
此时不尽醉，但恐负平生。
殷勤二曹长，各捧一银觥。[①]

① 《笺校》，第1516页。

这首大和六年在洛阳创作的诗篇，极好地状描了白居易在寒食节的所见所闻、所感所思和所作所为，典型地反映出他在强烈生命意识作用下形成的节日情感和节日生活。

第十三章

宦海浮沉：诗笺里的身份印迹

一个人和谁一起、在哪里过节、如何过节并因而形成了怎样的节日生活，在很大程度上要取决于他的角色身份、社会关系和人生经历。白居易在不同年份的同一个节日里拥有不同的生活，很重要的原因即在于此。

就个体身份而言，颇值一提的是白居易通过刻苦学习由科举走向仕途，成为唐政府中担任公职的一名官员。无论是作为中央大员还是地方官吏，这一身份使他必然受制于国家的人事管理制度，必然受制于“公家”的时间制度安排。唐政府规定许多节日都放假，这让官员白居易在节日里有了可以自由支配的私人时间。同样由于官员身份，白居易又不能完全自由支配自己的节日时间。比如元和五年八月十五日夜，时任京兆户曹参军、翰林学士的白居易便不得不在禁中值班；长庆元年的寒食节，时任主客郎中、知制诰的白居易也在值班中度过。不过更为重要的是，他的官员身份使他有更多机会参与官方组织的节日活动，从而令其节日生活呈现出更多的官方色彩。白居易为官的时代，皇帝对官员经常有节日宴赏之举，比如社日赐酒饼，清明赐新火，腊日赐口蜡、面脂，中和节赐牙尺，上巳、重阳赐宴并酒脯等，白居易就多次成为受赏者，并因此撰有《社日谢赐酒饼状》《中和日谢恩赐尺状》《上巳日恩赐曲江宴会即事》《三月三日谢恩赐曲江宴会状》《谢清明日赐新火状》《腊日谢恩赐口蜡状》《九月九日谢恩赐曲江宴会状》等文章。这些文章字里行间或多或少都显示出他在接受赐物或参与宴会后的特殊心情，而所有这些都构成了他节日生活的重要组成部分。

再就社会关系而言，白居易通过种种途径建立起由亲戚、朋友、同僚等组成的交往圈。圈子中的某些人，或者成为与白居易共度节日的伙伴，或者成为白居易在节日中思念的对象。在诸如《岁日家宴戏示弟侄等兼呈张侍御二十八丈殷判官二十三兄》《岁夜咏怀兼寄思黯》《七年元日对酒五首》《新岁赠梦得》《正月十五日夜东林寺学禅偶怀蓝田杨主簿因呈智禅师》《三月三日登庾楼寄庾三十二》《三月三日怀微之》《奉和裴令公三月上巳日游太原龙泉忆去岁禊洛见示之作》《中书连直寒食不归因怀元九》等诸多诗作中，都可以清晰地看出这一点。

白居易在某一节日里是否会从事节俗活动，从事哪种节俗活动，有什么样的节日情感，和他与谁共同度过这一节日密切相关，而这也在很大程度上决定了特定节日中他活动和情感的特殊性。比如同是岁除，贞元三年的岁除，白居易因为身处江南不能与老家的弟妹共度佳节而郁郁寡欢："感时思弟妹，不寐百忧生。万里经年别，孤灯此夜情。"（《除夜寄弟妹》）而贞元十六年前的另一个岁除，"守岁樽无酒，思乡泪满巾"[《客中守岁（在柳家庄）》]，在柳家庄客中守岁、没有亲戚好友相伴的白居易更多地感受到了人在异乡为异客的孤独。而开成三年的岁除，白居易是在与家人的团聚中辞旧迎新的。在明亮的火光和弥漫四溢的酒香中，看着孩子们快乐地游戏，接受着来自晚辈的殷勤祝福，白居易更多地感受到了生活的安宁与温馨。

再就人生经历而言，一个人只要有一段寿命，就有一段人生经历。人生经历是正在进行时，也是过去时。当下的人生经历与过去的人生经历并非断裂而是连续的统一体，当下乃过去的继续，这意味着当下不得不在很大程度上受制于过去。同时，由于一个人的人生经历往往会积淀于个人的记忆中并能在特定的时候重新泛起，结果，过去的人生经历与当下的人生经历总是混在一起，令身处当下的人们总是在回忆过去中度过当下并感受当下。在白居易的节日诗作中，我们多次看到过去的节日生活对当下节日生活尤其节日情感的影响。比如元和十三年的三月三日，他就想起了与元稹同在长安为校书郎时的欢乐时光：“忽忆同为校书日，每年同醉是今朝。”这令白居易在当年的三月三日多了些许“良时光景长虚掷，壮岁风情已暗销”（《三月三日怀微之》，上同）的感叹与悲伤。再如会昌元年寒食节期间，白居易与时任东都留守的王起频频聚会，想到“一月三回寒食会”，想到此前与现在的“鸡球饧粥屡开筵，谈笑讴吟间管弦”，他不由心花怒放，发出“春光应不负今年”（《会昌元年春五绝句·赠举之仆射》，上同）的感叹。

第十四章

雪泥鸿爪：诗途上的离合悲欢与个体选择

个体的选择也是影响白居易节日生活的重要因素。在笔者看来，个体的选择一方面体现在于既有的节俗规则中进行选择，另一方面体现在于既有的节俗规则外进行选择。

就前者而言，同一个节日中，通常会存在大量的习俗规则，这让个体在节日所占据的有限时间里实践所有的习俗规则变得不可能。许多时候俗民个体只能根据具体情况做出参与这项节俗活动放弃那项节俗活动的选择。如白居易生活的时代，寒食清明节期间有多种节俗活动，如禁火、扫墓、宴饮、出游、踏青、蹴鞠、斗鸡、镂鸡子、拔河、吃蒸饼、煮新茶等，但他很难在短短的几天节日时间里将所有活动都从事一番。我们所看到的是，白居易在不同年份的寒食清明节所参加的节俗活动往往只是其中的一部分，比如大和六年寒食节他踏青出游，大和八年寒食节他则在家中饮酒赏花。至于是踏青出游还是饮酒赏花，就要取决于白居易的选择了。

再就后者而言，是指个体往往出于种种原因，有意放弃既有的节俗规则而从事与节俗活动并不一致的内容，这当然导致个体节日生活的不同。比较白居易在不同年份重阳节的活动可以清晰看出这一点。白居易的重阳节诗文共有17篇，大致描写了三十五岁后于长安、下邽、江州、忠州、洛阳、苏州等地度过的十几个重阳节的节日生活。从这些诗文来看，大和六年以前，出游、宴饮、歌舞、醉酒构成了白居易重阳节生活的重要内容；大和八年以后的重阳节，白居易则多在持斋中度过，“自从九月持斋戒，不醉重阳十五年”（《闰九月九日独饮》）的诗句，可为明证。[①]

重阳节节日生活从出游宴饮歌舞醉酒到持斋道场的转变，完全来自白居易个人的选择：他抛弃了传统的且仍在时人的节日生活中发挥作用的节俗规则，选择实践了另外一种

① 白居易作于会昌元年（时年七十岁）的《闰九月九日独饮》中有“自从九月持斋戒，不醉重阳十五年”的句子，若据此推断，白居易持九月长斋当始自宝历二年，即他五十五岁那年。但宝历二年直到大和六年（时年六十一岁），白居易有关重阳节的诗共有4首，从中均看不出他有持斋的做法。而从作于大和八年的《酬皇甫郎中对新菊花见忆》中“居士荤腥今已断，仙郎杯杓为谁排”一句来看，似乎此时他刚持斋不久。“十五年”之说或许是出于作诗的需要。

（明）文徵明《存菊图》（局部）

活动方式和活动内容。这种选择不仅让他此时的节日生活不同于以往，也令他的节日生活与同时期他人的节日生活区别开来。“君方对酒缀诗章，我正持斋坐道场”（《九月八日酬皇甫十见赠》），白居易的这句诗正是最佳的注脚。

第十五章

节俗之外：非节俗规则对日常的塑造

毋庸讳言，节俗内在包含的规则制约并引导着人们的节日实践。然而，对于一个具有多重角色和身份的个体来讲，能够制约其在那段被称作“节日”的时间里的行动内容和行动方式的，显然不只有节俗规则一种。

人类在长期的社会实践中，形成了许多习俗规则，以引导和规范一个人在特定的场合中如何行事。比如当一个人出生、结婚、死亡时，与这个人相关的其他人该如何做，是有一套习俗规则可循的，而且某些习俗规则在特定的场合由于其重要性还具有被遵循的优先性。这就意味着在一个节日里，更确切地说是在节日所占据的那段时间里，人们可以抛弃其他一些规则而遵循他们认为更加重要的节俗规则来行事，从而将这个节日过得像个节日的样子；也可以抛弃节俗规则而遵循那些他们认为更重要的其他习俗规则来行事，从而将节日过得根本不像个节日的样子。

在白居易那里，我们也能看到其他习俗规则对他节日生活所造成的深刻影响。比如我国传统的丧葬习俗规定一个人去世两年后家人要进行祭奠，称为大祥。白居易的弟弟白行简于宝历二年冬病逝，大和二年除夕正是大祥之期。当弟弟的大祥之期与除夕在时间上重合时，白居易显然优先遵循了丧葬习俗的规则，于是，在“哀缠手足，悲裂肝心。痛深痛深，孤苦孤苦”（《祭弟文》）中于长安居所设奠筵、祭奠弟弟，就成了他除夕这天的活动主题。而这些活动是与除夕没有多少关系的。

第十六章

诗由境生：白居易节俗实践中的情境驱动

情境与空间有关，但不等于就是空间，它更主要是指一种具体的场合，包含着特定的时间、特定的空间以及在这个特定时空中存在的人、事、物、情绪、关系等一切情形。每个人在其有生之年总是处于由时空定位的特定情境之中，个体的节日生活必然也在特定情境中进行，情境由此成为白居易节日生活的一个重要作用因素。我们能从白居易的诗篇中看到情境对他节日生活的影响。

如元和十二年，时任江州司马的白居易于三月初三日登上地处江边的庾楼，由庾楼他想起了好友庾敬休："每登高处长相忆，何况兹楼属庾家。"（《三月三日登庾楼寄庾三十二》）

再如元和七年重阳节，在“歌笑随情发”的氛围中，酒已半酣的白居易起身瞭望，看着辽阔无垠的原野和天空，一种强烈的生命意识突袭心头，天也长地也久，人生却只有短短的几十年，每个人都向死而生，谁也摆脱不了死亡的归宿：“天地自久长，斯人几时活？请看原下村，村人死不歇。一村四十家，哭葬无虚月。”也正是在这种特定的情境之中，白居易意识到及时行乐的重要性，不由和同行者互相劝勉，尽情享受美好时光，正所谓“指此各相勉，良辰且欢悦”[《九日登西原宴望（同诸兄弟作）》，上同]。

情境的重要性在于，它不仅和节俗、时尚、个体的生命意识、个体的身份、社会网络、人生经历、个体的选择等一样，是影响个体节日生活的因素之一，它还是这些因素共同作用的诱因。所谓触景生情，情因景生，都是说在特定的情境中，个体的耳之所闻、目之所睹、鼻之所嗅、手之所触等会诱发人们的某种情绪和行为，这些情绪和行为的产生乃是若干因素综合作用的结果。就白居易的节日生活来说，同样如此。比如上面提到的元和十二年三月三日，白居易因登上庾楼而想起好友庾敬休，就是节俗规则、社会网络、人生经历等多种因素在情境的诱发下共同作用的结果。

以上，我们在对白居易的节日生活进行描述的基础上

（明）沈周《杖藜远眺图》

分析了其影响因素。可以看出，一方面，白居易基本上遵循着传统的节日框架进行他的节日生活，他的节日生活也多含有已经模式化、传承久远的节俗内容；另一方面，他的节日生活并非完全模式化的，而呈现出此时与彼时的不同，节日情感更体现出丰富多样性，白居易的节日生活就只是白居易的节日生活。所以如此，乃在于白居易的节日生活中具有不同的构成因素。这些构成因素并非孤立的存在，它们共同整合成节日生活。但将它们整合在一起的不是它们自己，所有这些要素本身都不会有所作为，有所作为的只能是人，是具有能动性的人通过自己的实践活动将这些要素整合起来形成自己的节日生活。白居易的节日生活正是白居易在特定的情境中，通过自己的实践活动将节俗、时尚、个体的生命意识、个体的身份、社会网络、人生经历、个体的选择等要素整合起来而形成的。

第十七章
内化与生新：节俗的传承者和变迁者

白居易的节俗生活表明，无论他自己有没有意识到，他实际上扮演了一个节俗传承者和变迁者的角色。

毫无疑问，在白居易生活的中唐社会，一些早已约定俗成具有指导性的节俗规则正在被白居易周围的人操作着、实践着。自小在别人的节俗实践中成长的白居易，在懵懂无知时就已经参与了节日活动，也因而参与了节日活动的传承和享用。而随着时间的流逝，当他在耳闻目睹和亲身经历对节日习俗规则的实践中长大时，这些超个人的习俗规则已经渗透到他的日常生活之中，内化为他生活的一部分。传统的节日安排成为他安排自己生活的基本时间框架，传统的节日活动成为他节日活动的重要内容，传统的节日情感流露直接影响着他对时间进而对生命的感知。在白居易的节日诗文里，我们看不到他对既定节日之存在表现出丝毫的异议，所能看到的总是他津津乐道于自己在这些节日中的生活和情感，以及由此显示出的对传统节日和节俗活动的认同。自然，白居易的节日生活并非仅仅对他自己有意义，因为遵从节俗而形成的节日生活很大程度上成为对既有节俗惯制的展示，这些展示出来的习俗惯制又为他人提供了习仿的内容（当然，白居易对自己节日生活的书写也是对节俗惯制的展示，而且这个展示具有超越时空的特性）。节俗惯制也便通过俗民个体的实践在这习仿和被习仿中传承下去了。从这个意义上讲，白居易是无愧于传承者的称呼的。

但在节俗的发展过程中，白居易并不只是一个传承者，他还是一个参与并促进节俗变迁的人。前面我们分析了影响白居易节日生活的诸多因素，可以说明他的节日生活之形成绝非来自他对节俗规则无原则的盲目服从，事实上，他总是根据具体的情境选择过节的方式和内容。正如前面已经指出的，白居易对过节方式和内容的选择既在既有节俗规则中进行，亦在既有节俗规则外进行。个体对于过节方式和过节内容在既有节俗外进行选择，不仅会导致个体节日生活的变化以及与他者的不同，甚至有可能成为新节俗的生长点，进而导致节俗的变迁。因为同样通过其节日生活展示出来的带有浓厚个性色彩的非节俗活动，也完全可以成为别人习仿的对象。

白居易只是众多唐代人中的一个。尽管其他任何一个唐代人都不可能是白居易，但每一个人却又都和白居易一样，“既定位于日常生活流中，又定位于他的整个生存时段即寿命中，同时还定位于‘制度性时间’的绵延，即社会制度‘超个人’的结构化过程中。最后一点，每个人都以‘多重’方式定位于由各种特定社会身份所赋予的社会关系之中”①；每一个人也都会和白居易一样，在特定的情境中，通过自己的实践活动将业已存在的习俗规则、时尚、个体的生命意识、个体的身份、社会网络、人生经历、个体的选择等要素整合起来，形成自己的节日生活。

① ［英］安东尼·吉登斯：《社会的构成》，李康、李猛译，王铭铭校，生活·读书·新知三联书店，1998年版，第44页。

附录

白居易节日诗文及生活对照表

节日	创作时间	创作地点（时任职务）
元日（13篇）	46岁 元和十二年（817）	江州（江州司马）
	53岁 长庆四年（824）	杭州（杭州刺史）
	55岁 宝历二年（826）	苏州（苏州刺史）
	60岁 大和五年（831）	洛阳（河南尹）
	62岁 大和七年（833）	洛阳（河南尹）
	64岁 大和九年（835）	洛阳（太子宾客分司）
	67岁 开成三年（838）	洛阳（太子少傅分司）
	69岁 开成五年（840）	洛阳（太子少傅分司）
	71岁 会昌二年（842）	洛阳

→ 作品题目	→ 节日生活
庾楼新岁	登庾楼，思乡
苏州李中丞以元日郡斋感怀诗寄微之及予辄依来篇七言八韵走笔奉答兼呈微之	宴饮歌笑，思乡，念友，感叹时光飞逝、生命衰老的同时，希望珍视当前时光
岁日家宴戏示弟侄等兼呈张侍御二十八丈殷判官二十三兄	家宴，饮（蓝尾）酒，吃春盘、胶牙饧，欣喜于骨肉团圆，感叹生命衰老的同时又因与朋友相比自己尚且年轻而兴奋
岁夜咏怀兼寄思黯	思念朋友
七年元日对酒五首	宴饮，拜年，思念朋友，感叹时日匆匆、生命衰老的同时欣喜个体生命的依然存在，并产生及时行乐的想法
和河南郑尹新岁对雪	与朋友宴饮
新岁赠梦得	思念朋友，感叹生命衰老的同时，欣喜于自己生命犹存
病入新正	饮酒，感叹衰老的同时并不服老
喜入新年自咏（时年七十一）	回忆生命历程，欣喜于个体生命的依然存在

节日 →	创作时间 →	创作地点（时任职务）
人日（1篇）	75岁 会昌六年（846）	洛阳（刑部尚书致仕）
正月十五（4篇）	29岁 贞元十六年（800）	长安
	约作于元和二年（807） 至六年（811）	长安
	46岁 元和十二年（817）	江州（江州司马）
	53岁 长庆四年（824）	杭州（杭州刺史）
正月晦（1篇）	约作于元和十一年（816） 至十二年（817）	江州（江州司马）
中和节（4篇）	28岁 贞元十五年（799）	
	约作于元和二年（807） 至六年（811）	长安
	64岁 大和九年（835）	洛阳（太子少傅分司）
	65岁 开成元年（836）	洛阳（太子宾客分司）
三月三日（9篇）	约作于元和三年（808） 至元和五年（810）	长安（左拾遗、翰林学士）
	46岁 元和十二年（817）	江州（江州司马）

续表

作品题目	节日生活
六年立春日人日作	宴饮，吃蔬菜饼饵，有及时行乐的情绪
长安正月十五日	愁绪满怀
上元日叹道文	献岁
正月十五日夜东林寺学禅偶怀蓝田杨主簿因呈智禅师	东林寺学禅，思念朋友
正月十五日夜月	出游赏灯
春寝	放假，睡觉，回忆过去
中和节颂（并序）	赞颂中和节
中和日谢恩赐尺状	受赐红牙银寸尺，写谢状，怀惭愧之心感谢皇恩
二月一日作，赠韦七庶子	守斋
二月二日	出游
上巳日恩赐曲江宴会即事	参加曲江宴，共道升平乐
三月三日登庾楼寄庾三十二	出游，登庾楼，思念朋友

节日 →	创作时间 →	创作地点（时任职务）
三月三日（9篇）	47岁 元和十三年（818）	江州（江州司马）
	49岁 元和十五年（820）	忠州（忠州刺史）
	58岁 大和三年（829）	长安（刑部侍郎）
	65岁 开成元年（836）	洛阳（太子少傅分司）
	66岁 开成二年（837）	洛阳（太子少傅分司）
	67岁 开成三年（838）	洛阳（太子少傅分司）
	约作于元和二年（807） 至六年（811）	长安
寒食节（23篇）	39岁 元和五年（810）	长安（左拾遗、翰林学士）
	43岁 元和九年（814）	下邽
	46岁 元和十二年（817）	江州（江州司马）
	49岁 元和十五年（820）	忠州（忠州刺史）

续表

作品题目	节日生活
三月三日怀微之	思念朋友
三月三日	出游，又因没有朋友而返回
和春深二十首（之一）	宴饮赏花，看戏水争渡
三月三日	吃酒，试春衫，赏花，玩新月
三月三日祓禊洛滨	与朋友祓禊洛水之滨，合宴于舟中
奉和裴令公三月上巳日游太原龙泉忆去岁禊洛见示之作	回忆去年上巳节的盛况，独游香山寺
三月三日谢恩赐曲江宴会状	参与宫中宴饮，曲江宴会，受赐茶果
寒食夜	不用火，感叹时光飞逝
寒食夜有怀	不用火，早眠，回忆往事
寒食江畔	骑马出游，思念长安和家乡
寒食夜	听到别人荡秋千的欢乐声感叹自己业已衰老，心事重重

节日	创作时间	创作地点（时任职务）
寒食节（23篇）	50岁 长庆元年（821）	长安（主客郎中、知制诰）
	55岁 宝历二年（826）	苏州（苏州刺史）
	58岁 大和三年（829）	长安（刑部侍郎）
	58岁 大和三年（829）	长安（刑部侍郎）
	59岁 大和四年（830）	洛阳（太子宾客分司）
	61岁 大和六年（832）	洛阳（河南尹）
	61岁 大和六年（832）	洛阳（河南尹）
	63岁 大和八年（834）	洛阳（太子宾客分司）
	63岁 大和八年（834）	洛阳（太子宾客分司）
	64岁 大和九年（835）	洛阳（太子少傅分司）
	65岁 开成元年（836）	洛阳（太子少傅分司）
	66岁 开成二年（837）	洛阳（太子少傅分司）

续表

作品题目	节日生活
中书连直寒食不归因怀元九	值班，怀念好友，感叹世事变迁、时光飞逝
病中多雨逢寒食	感叹时光飞逝
和春深二十首（其九）	
和春深二十首（其十六）	
劝酒十四首·何处难忘酒七首（其三）	
六年寒食洛下宴游赠冯李二少尹	宴饮出游，听歌观舞
洛桥寒食日作十韵	饮酒，禁火，出游
玩半开花赠皇甫郎中（八年寒食日池东小楼上作）	赏花，饮酒，感叹时光飞逝，怀念朋友
送常秀才下第东归	
和杨同州寒食乾坑会后闻杨工部欲到知予与工部有宿酲	
酬郑二司录与李六郎中寒食日相过同宴见赠	与同年宴饮
寒食	出游，志满意得，同时充满对生命不久的忧虑

节日	创作时间	创作地点（时任职务）
寒食节（23篇）	约作于贞元二十年（804）前	
	约作于贞元十六年（800）前	
	约作于贞元十六年（800）前	
	约作于长庆三年（823）前	
	67岁 开成三年（838）	洛阳（太子少傅分司）
	70岁 会昌元年（841）	洛阳（太子少傅分司）
清明节（5篇）	约作于元和二年（807）至六年（811）	长安
	47岁 元和十三年（818）	江州（江州司马）
	52岁 长庆三年（823）	杭州（杭州刺史）
	55岁 宝历二年（826）	苏州（苏州刺史）
	65岁 开成元年（836）	洛阳（太子少傅分司）
端午节（1篇）	48岁 元和十四年（819）	忠州（忠州刺史）

续表

作品题目	节日生活
寒食卧病	因病在家
寒食月夜	禁火，一怀愁绪，独立一月中
途中寒食	出行，一腔春愁
寒食野望吟	出游
寒食日寄杨东川	思念朋友
会昌元年春五绝句 · 赠举之仆射（今春与仆射三为寒食之会）	宴会，吃鸡球饧粥，听歌
寒食日过枣团店	饮酒
谢清明日赐新火状	受赐新火，写谢状，怀惭愧之心感谢皇恩
清明日送韦侍御贬虔州	吃饧粥，用新火煮新茶，饮酒，为友人送行
清明日观妓舞听客诗	宴饮，观歌舞，听诗
清明夜	听管弦，看花
清明日登老君阁望洛城赠韩道士	出游登阁，考虑生死问题
和万州杨使君四绝句 · 竞渡	自比屈原

节日	→ 创作时间	→ 创作地点（时任职务）
立秋（4篇）	39岁 元和五年（810）	长安（京兆户曹参军、翰林学士）
	50岁 长庆元年（821）	长安（主客郎中、知制诰）
	62岁 大和七年（833）	洛阳（太子宾客分司）
	66岁 开成二年（837）	洛阳（太子少傅分司）
七夕节（3篇）	35岁 元和元年（806）	盩厔（盩厔尉）
八月十五（7篇）	34岁 永贞元年（805）	长安（校书郎）
	38岁 元和四年（809）	长安（左拾遗、翰林学士）
	39岁 元和五年（810）	长安（京兆户曹参军、翰林学士）
	42岁 元和八年（813）	下邽
	47岁 元和十三年（818）	江州（江州司马）

续表

作品题目	节日生活
立秋日曲江忆元九	出游，思念朋友
立秋日登乐游园	出游，感叹时光飞逝
立秋夕有怀梦得	思念朋友，饮茶，感叹时光流逝、世事变迁
立秋夕凉风忽至炎暑稍消即事咏怀寄汴州节度使李二十尚书	思念朋友，感叹时光飞逝、人生易老
长恨歌	感叹欢情离恨
七夕	感叹欢情离恨
七夕	怀念往事
华阳观中八月十五日夜招友玩月	招友赏月
八月十五日夜闻崔大员外翰林独直对酒玩月因怀禁中清景偶题是诗	赏月，怀念往事
八月十五日夜禁中独直对月忆元九	值班，赏月，思念朋友
效陶潜体诗十六首（其七）	望月，饮酒，思念朋友，珍惜眼前时光
八月十五日夜湓亭望月	于湓亭望月，思念家乡朋友，回忆往事

节日	创作时间	创作地点（时任职务）
八月十五（7篇）	62岁 大和七年（833）	洛阳（河南尹）
	63岁 大和八年（834）	洛阳（太子宾客分司）
重阳节（17篇）	38岁 元和四年（809）	长安（左拾遗、翰林学士）
	约作于元和二年（807） 至六年（811）	长安
	41岁 元和七年（812）	下邽
	43岁 元和九年（814）	下邽
	47岁 元和十三年（818）	江州（江州司马）
	48岁 元和十四年（819）	忠州（忠州刺史）
	48岁 元和十四年（819）	忠州（忠州刺史）
	53岁 长庆四年（824）	洛阳（太子左庶子分司）
	54岁 宝历元年（825）	苏州（苏州刺史）
	55岁 宝历二年（826）	苏州（苏州刺史）

续表

作品题目	节日生活
答梦得八月十五日夜玩月见寄	于龙门石楼上望月
八月十五日夜同诸客玩月	与朋友一起赏月，希望珍惜眼前美景，及时行乐
禁中九日对菊花酒忆元九	受赐禁中宴会，思念朋友
九月九日谢恩赐曲江宴会状	受赐曲江宴会以及酒脯，写状谢皇恩
九日登西原宴望（同诸兄弟作）	登高宴会，赏菊歌舞，吃糕饮酒，充满及时行乐的情绪
九日寄行简	出游，摘菊，饮酒，思念亲人
九日醉吟	感叹时光飞逝、年事渐衰，饮酒，思念朋友
九日登巴台	登巴台，饮茱萸酒，感叹时光飞逝，思念家乡
九日题涂溪	出游，饮酒唱歌
九日思杭州旧游寄周判官及诸客	怀念往事和旧友，感叹世事变迁
九日宴集醉题郡楼兼呈周殷二判官	宴饮歌舞，赏菊，回忆往事，充满及时行乐的情绪
河亭晴望（九月八日）	思念故乡故人

节日	创作时间	创作地点（时任职务）
重阳节（17篇）	55岁 宝历二年（826）	苏州（苏州刺史）
	59岁 大和四年（830）	洛阳（太子宾客分司）
	61岁 大和六年（832）	洛阳（河南尹）
	63岁 大和八年（834）	洛阳（太子宾客分司）
	67岁 开成三年（838）	洛阳（太子少傅分司）
	70岁 会昌元年（841）	洛阳
冬至（4篇）	约作于贞元十六年（800）前	池州府
	33岁 贞元二十年（804）	邯郸（校书郎）
	约作于贞元二十年（804）	邯郸（校书郎）
	48岁 元和十四年（819）	忠州（忠州刺史）
腊日（1篇）	元和二年（807） 至六年（811）	长安

续表

作品题目	节日生活
九日寄微之	赏菊，思念朋友，感叹时光流逝
重阳席上赋白菊	赏菊，宴饮
九日代罗樊二妓招舒著作	宴饮
酬皇甫郎中对新菊花见忆	悲秋，思念朋友
九月八日酬皇甫十见赠	持斋道场
闰九月九日独饮	赏菊，饮酒
重阳日	饮酒，赏菊，出游
冬至宿杨梅馆	人在旅途，思念家乡
邯郸冬至夜思家	人在旅途，思念家乡亲人
冬至夜怀湘灵	思念故人
冬至夜	心灰意冷，感叹生命衰老，疾病缠身
腊日谢恩赐口蜡状	受赐口蜡及红雪、澡豆等，写谢状表忠心，谢皇恩

节日	→ 创作时间	→ 创作地点（时任职务）
小岁日（2篇）	52岁 长庆三年（823）	杭州（杭州刺史）
	66岁 开成二年（837）	洛阳（太子少傅分司）
岁除（14篇）	16岁 贞元三年（787）	江南
	33岁 贞元二十年（804）	邯郸（校书郎）
	45岁 元和十一年（816）	江州（江州司马）
	48岁 元和十四年（819）	忠州（忠州刺史）
	52岁 长庆三年（823）	杭州（杭州刺史）
	53岁 长庆四年（824）	杭州（杭州刺史）
	55岁 宝历二年（826）	苏州至洛阳途中
	57岁 大和二年（828）	长安
	58岁 大和三年（829）	长安（刑部侍郎）
	59岁 大和四年（830）	洛阳（河南尹）
	63岁 大和八年（834）	洛阳（太子宾客分司）

续表

作品题目	节日生活
小岁日对酒吟钱湖州所寄诗	饮酒，思念朋友，感叹生命衰老
小岁日喜谈氏外孙女孩满月	因为外孙女满月欣喜
除夜寄弟妹	思念家乡亲人
除夜宿洺州	思念家乡亲人
除夜	深夜入睡（未守夜），思念家乡
除夜	感叹流离，思念家乡，回忆往事，展望未来
除夜寄微之	感叹时光飞逝自己一事无成，思念朋友
岁假内命酒赠周判官萧协律	放假，宴饮，吃岁酒，对较同辈人年轻而高兴
除日答梦得同发楚州	思念家乡
祭弟文	祭祀弟弟
和除夜作	思念朋友，感叹时光飞逝，生命衰老
除夜	感叹时光飞逝
除夜言怀兼赠张常侍	饮酒，感叹时光飞逝，思念朋友

节日	创作时间	创作地点（时任职务）
岁除（14篇）	66岁 开成二年（837）	洛阳（太子少傅分司）
	67岁 开成三年（838）	洛阳（太子少傅分司）
	约作于贞元十六年 （800）前	
立春（2篇）	约作于元和四年（809） 至元和六年（811）	长安（左拾遗、翰林学士）
	75岁 会昌六年（846）	洛阳（刑部尚书致仕）
诞节（1篇）	56岁 大和元年（827）	长安（秘书监）
社日（3篇）	约作于贞元十六年（800） 至十七年（801）	
	约作于元和二年（807） 至六年（811）	长安
	52岁 长庆三年（823）	杭州（杭州刺史）

续表

作品题目	节日生活
岁除夜对酒	饮酒，感叹时光飞逝，怀念往事
三年除夜	燃庭燎，宴饮，称觞拜年
客中守岁（在柳家庄）	守岁，思乡念家
立春日酬钱员外曲江同行见赠	与一位同僚出游
六年立春日人日作	宴饮，吃盘蔬饼饵，充满及时行乐的情绪
三教论衡	参与三教论衡
社日关路作	悲秋，感叹时光飞逝
社日谢赐酒饼状	受赐酒及蒸饼、环饼等，写状谢皇恩
祭社宵兴灯前偶作	祭社，叹时光飞逝

一

人类的一切活动都需要占据时间，时间是人类社会存在的维度，对于时间的制度安排是人类活动的基本框架，它对受其制约的人们的生活节奏和生活内容起着决定性的作用。过节和休假都是关于时间的制度安排。

中国是一个有着悠久节日传统的国家。早在先秦时期，就有了节日的萌芽，汉代节日体系初步形成，当时的节日主要有正旦、立春、正月上丁日、正月上亥日、社日（春社和秋社）、三月上巳日、五月五日、夏至、伏日、貙刘[①]、八月节、十月旦、冬至、腊日及小新岁等。[②]经过魏晋南北朝的发展，到唐宋时期，节日发展到鼎盛时期，全国性的节日达数十个之多。之后继续传承，一直到清代，节日都是中国社会起基础性作用的时间制度。休假制度在我国也有悠久的历史，至

① 貙刘：汉代秋季与狩猎、祭祀相关的节日，常在立秋日。

② 彭卫、杨振红：《中国风俗通史（秦汉卷）》，上海文艺出版社2002年版，第620-645页。

少在秦汉时代已经形成，之后代代都制定自己的休假制度。休假制度是一种重要的劳动人事管理制度，在中国古代社会，它直接适用的对象并非全体社会成员，而主要是国家公务人员和部分学生。出于种种原因，不同时代的休假制度是颇不相同的，但一般都包括休沐假[①]、事假（如婚丧假等）、病假、赐假和节假等几个类别。其中的节假，是指给节日放假。不过，节日与假日并不相同，而是有着多方面的区别：

第一，从性质上看，节日与平日相对应，是具有约定俗成活动的特定时日，是文化共同体的公共活动日，是凝聚着集体情感并承载着群体历史记忆和价值观念的文化时间，具有假日与工作日相对应，是按照规定或经过批准暂时不工作或不学习的时间。

第二，从发生学的角度看，节日往往是社会成员在长期的生产、生活中自然而然生成的。尽管也有一些节日属于建构型，“经由精心设计并被国家或地方政府以制定、颁布并实施政策的方式楔入人们日常生活之中”[②]，但这种节日的

---

① 休沐即常假，“休沐，言休息以洗沐也”。汉代官吏一般是五日一休沐，唐宋时期实行旬假制，十日一休沐；明代官吏则半月一休沐，清末民初，受西方文化的影响，开始星期制。

② 张勃：《唐代节日研究》，中国社会科学出版社2013年版，第83页。

数量不多，而且是否能够真正扎根生活，必须经由社会成员的选择。假日则不同，假日不是生成的，而是由法律政策规章规定出来的，制定休假方面法律政策规章的主要原因在于为处于就业组织或教育组织中“不自由”的工作者和学习者个体提供一段可以自由支配的时间。

第三，从规则的角度看，每一个节日都是关于何时、在哪里、举行什么样的活动以及如何举行这些活动的一整套规则，这套规则没有明文规定，属于非正式规则，但它规定了节日所在时间的“过法”，并且已经内化于社会成员心中，是社会成员的共同习惯，具有很强的规范性，以至于原本具有较大差异性的社会成员能够在同一段时间里在行为方式和生活内容等方面不约而同。假日是正式规则，但这个规则只确定组织成员可以自由支配哪段时间，却不规定这段时间的“过法”。

第四，从稳定性上看，节日一旦形成，便具有很强的稳定性。无论是节日所在的日子（即节期）还是节俗活动都不会轻易发生改变。假日则不同，一旦相关政策调整，假日必然发生变化。

节日和假日本是两种不相同的事物，但节假日的设置却使二者紧密地联系在一起。

二

以节为假是世界范围内的普遍做法，在我国大约始于两千年前的汉代，其中冬至和夏至各休假五日，是目前所知最早的放假的节日。按照《后汉书·礼仪志》的记载："冬至前后，君子安身静体，百官绝事，不听政，择吉辰而后省事。""夏至日，礼亦如之。"[①]在汉代，夏至和冬至既是节气，又是十分重要的节日。在时人看来，夏至的至有三义，"一者阳极之至，二者阴气始至，三者日行北至"，同样，冬至的至也有三义："一者阴极之至，二者阳气始至，三者日行南至。"在这种阴阳相争、阴阳失调的关键时候，人们最好"安身静体"，官吏是不需要办理公务的。《汉书·薛宣传》记载了薛宣的一件事迹，便与至日放假有关。有一年至日放假，官吏们纷纷回家，负责管理犯人的张扶却不肯休息，仍然坚持上班。薛宣就劝导他节日期间应该回家与亲人团聚，好好享受生活，所谓："盖礼贵和，人道尚通。日至，吏以令休，所繇来久。曹虽有公职事，家亦望私恩意。掾宜从

① （宋）范晔撰、（唐）李贤注：《后汉书》，中华书局1965年版，第3125页。

众，归对妻子，设酒肴，请邻里，壹关相乐，斯亦可矣！”[①]除了夏至、冬至，当时的节假日还有伏日，俗传“伏日万鬼行”，不宜做事，所以休假一天。

不过，唐代以前节日放假还不普遍，白钢先生在其主编的《中国政治制度史》中述及秦汉官吏的休假制度时只提到夏至、冬至两个节假，述及魏晋南北朝时官吏的休假制度时，病假、服丧假、田假、受衣假、省亲假、拜墓假、事假均提及，独无节假。应该说，普遍地以节日为法定假日，是从唐代开始的。更确切地说，是从唐玄宗开元七年（719）开始的。

唐代是我国节日发展史上的重要环节，节日数量众多，节俗活动丰富，“开元七年令”则以国家法令的形式将20余个节日规定为国家法定假日，并给予40天左右的假期。其中，元日（相当于现代的春节）、冬至各放7天，夏至、腊各放3天，正月七日（人日）、正月十五、正月晦日、春社、秋社、二月八日、三月三日（上巳节）、四月八日（浴佛节）、五月五日（端午节）、初伏、中伏、末伏、七月七日（七夕节）、九月九日（重阳节）、十月一日、立春、立夏、立秋、立冬

① （汉）班固撰、（唐）颜师古注：《汉书》，中华书局1962年版，第3390页。

等各放1天。节日普遍放假制度化了。此后的开元二十五年令、唐宪宗元和令以及一些格敕又对法定节假日进行了若干调整，比如开元二十五年令新增皇帝诞节和七月十五（中元节），分别放假3天和1天，寒食清明放假4天。元和令新增玄元皇帝降圣节、中和节，分别放假3天和1天，取消正月晦日的法定假日身份，并将寒食清明假期调整为5天，等等。经过调整，元和令中规定的节假日总天数已多达50余天，这堪称我国官吏休假制度中的创举。从唐代开始，节假成为假日的重要类别，节日休假成为国家公务人员休假制度的重要组成部分。

唐代节假制度深刻地影响着后世。比如宋初就规定，岁节、寒食、冬至三大节各放朝假7日（其中5天休务）；圣节、上元、中元各放朝假3天（其中1天休务），春社、秋社、上巳、重午、重阳等18个节日各放朝假1天（不休务），夏至、腊日各放朝假3天（不休务），到神宗元丰五年（1082），祠部重新厘定官员休假制度，更规定了长达76天的节假日："元日、寒食、冬至，各七日，天庆节、上元节同，天圣节、夏至、先天节、中元节、下元节、降圣节、腊各三日，立春、人日、中和节、春分、社、清明、上巳、天祺节、立夏、端午、天贶节、初伏、中伏、立秋、七夕、末伏、社、秋分、授衣、重阳、立冬，各一日。”[①] 不仅汉族政权如此，少数民族政权也在很大程度上延续了普遍以节为假的做法，并纳入令式，形成节日休假的制度化。比如金代在熙宗天眷二年（1139）专门制定放假制度，规定：“元正、冬至、寒食各节前后共休务三日；上元、立春、秋社、上巳、端午、三伏、立秋、重阳、授衣（九月一日）、国祭、每月三旬，以上各休务一日。”[②] 又如元代，也规定了16天的节假日，包括元正、寒食放假三日，天寿（皇帝生日）、冬至二日，端午、中元、重阳、十月一日、立春、立秋各一日。[③]

明清时期，君主专制的中央集权空前加强，对于官吏的管理也十分严格，这在时间管理制度上的一个体现就是压缩假日的数量和长度。相应地，放假的节日也大大减少了。明初只给元旦和冬至两个节日放假，分别是5天和3天；虽然永乐年间又增加了一个元宵节，并给予10天的假期，算起来也不过是给3个节日放了18天的假。到清代，根据乾隆年间的《大清会典则例》，当时虽然有6个节日放假，但假

① （宋）庞元英：《文昌杂录》，中华书局1958年版，第4页。

② （金）张玮：《大金集礼》卷三十二。

③ 黄时鉴点校：《通制条格》，卷22，“假宁·给假”，浙江古籍出版社1986年版，第269–270页。

期统共只有14天，即元旦7天，上元3天，端午、中秋、重阳、皇帝诞节各1天。需要补充的是，清朝有长达约一个月的封印期，据富察敦崇《燕京岁时记》载："每至十二月，于十九、二十、二十一、二十二四日之内，由钦天监选择吉期，照例封印，颁示天下，一体遵行"，至明年正月，"大约于十九、二十、廿一三日之内"，由钦天监择吉开印。[①]封印期内，官员可以不办公事。但必须指出，这一个月是将元旦和上元涵盖其中的。即使我们将封印期全部视为节假日，清朝的节假日也不过25天左右。无论节假日的数量还是长度均无法与唐宋时期相比。

三

透过不同朝代的节日休假，可以发现节假日问题一直受到中国古代社会的重视，而在给哪些节日放假以及假期长度方面，不同朝代有着不同的规定。总体上看，汉魏时期节日初步定型，放假的节日数量少；唐宋时期节假日大量增加，节假期也最长，金元之后节假日的数量和长度都大幅下

① （清）潘荣陛、（清）富察敦崇：《帝京岁时纪胜 燕京岁时记》，北京古籍出版社1981年版，第49页。

降。节假日的数量和长短的这些变化，应该说与节日自身的发展演变有一定关系，但更与休假制度决策者的态度和理念有关，反映着社会公共生活和文化传统的受重视程度，也折射着不同朝代的社会开放程度和对社会成员尤其是国家公务人员的管理强度。由于节日是公共社会活动日，是文化传统的载体，因此官方给予假期的节日数量越多，节假时间越长，就说明社会公共生活和文化传统的受重视程度越高，社会开放程度也越高，对社会成员尤其是国家公务人员的管理强度则越低，他们拥有的可供个人自由支配的私人时间就越多，个人的自由度也就越大。

透过不同朝代的节日休假，还可以发现节假制度的实行使节日与假日形成了明显的互动关系。一方面，被纳入国家休假制度的节日总是在民俗生活或国家层面具有重要地位的节日，而且节日的地位越重要，放假的时间越长；因此，往往可以根据一个节日是否放假，以及放假时间的长短来判断它在国家层面和社会层面的重要性程度。另一方面，由于假日往往只是部分节日的身份，那些放假的节日的重要性就得到突显；不仅如此，放假还具有提示意义，并可以为社会成员从事约定俗成的节日活动提供不可或缺的时间，这无疑就维护和加强了该节的重要性程度。

过节和休假并非仅仅是中国古代社会的时间制度安排，节日与假日的区别与互动关系也并非只在中国古代社会才存在。在当代，一方面，随着工业化和城市化进程的加快，社会中大多数人都被纳入就业组织或教育组织之中，受国家休假制度影响的人数量众多，节日作为群体公共活动时间，它的存续需要社会成员的共同参与，也因而需要社会成员拥有无需工作和学习的同一个时间，因此节日对休假制度的依赖性越来越大。另一方面，当代中国的节日体系更加复杂，既有全国性节日，又有区域性节日；既包括传统节日，又包含诸多现代节日纪念日，还有许多外来节日和新兴节日。不同的节日又具有不同的内涵。因此，在节假日的设置方面，给哪些节日在什么时间设置多长时间的假，就需要基于社会需要和国家需要从文化、社会、经济、政治等方面进行综合考量。当代中国社会需要一种能够体现中国精神、反映中国特色、突显人文关怀、兼顾传统与现代并与其他休假制度合理搭配衔接的节假制度。对此，中国古代的节日休假可以提供一定的历史借鉴。

后记

2023年8月22日正值七夕节，也是处暑节气的前一天，领读文化康瑞锋先生找我为今年四月再版的《清明》一书的藏书票签名。谈话间又说到《唐代节日研究》的改编问题。《唐代节日研究》是我在博士论文基础上修改而成的著述，2013年由中国社会科学出版社出版。这本书的学术性强，但康先生一直觉得可以进行改编，供一般读者了解唐代的节日文化。将研究成果转化科普作品原本是我乐意的事情，近年来也做了大量普及节日知识的工作，只是苦于时间不足，不少想做的事情往往就停留在愿望的阶段。但这次聊到白居易时，我突然觉得也许可以实施。

做博士论文时，我已关注了白居易，并发表《白居易的节日生活——兼及俗民个体实践与节俗传承、变迁的关系》一文。这种从个人生活史角度对节日的微观性研究，受到大家的肯定。著名节日专家萧放教授曾说，这一研究“不仅为我们生动呈现了节日传承的历史过程，同时也为历史民俗学的研究提供了可以仿效的样本，具有重要的学术启示意义”。当时为了写好这篇文章，我查阅了大量资料，并且将白居易的节日生活放在其生命之流中加以书写，形成了近2万字的文稿。但是这样的文字并不适宜于放入博士论文中，写成就放在那里，甚至多年以后连我也几乎忘记了它的存在。不久前查找其他资料的时候，偶然间看到，也算机缘巧合，所以当康先生说可以做一本《白居易的节日》时，我马上想到了这篇文稿。

我很快将文稿以及其他相关材料发给康先生，他也很快做了整理，并提出需要补充节日习俗的内容。他的意见与我不谋而合。白居易的节日是他个人生活的缩影，也是唐代节日的缩影。理解白居易的节日，既要了解他的生命生活史，也要了解唐代的社会与节日。他提出再找一些节日图像，这也是我之所愿。图文互证，图文互补，相得益彰。总之，十分感谢康瑞锋先生，没有他的力促和帮助，便不可能有这本小书的出版。

在写作的过程中，我发现自己对白居易节日生活的理解已与十年前有所不同，也许更深刻了一些吧。

节日是时间的驿站、生活的华章，节日不同于常日，但节日与常日息息相关。节日生活的形态离不开日常生活的影响，反过来也会对常日生活产生重要作用。我相信，理解白居易的节日，非但有助于理解唐代的节日，有助于理解白居易，也有助于理解当下我们自己的节日，理解我们自己的心灵。